"语文拓展课"丛书

U0831307

咏人物：语文有情怀

yong renwu
yuwen you qinghuai

郗晓波 著

山西出版传媒集团 山西教育出版社

图书在版编目（C I P）数据

咏人物：语文有情怀/郗晓波著．—太原：山西教育出版社，2017.8（2018.1 重印）
（语文拓展课）
ISBN 978-7-5440-9318-7

Ⅰ．①咏… Ⅱ．①郗… Ⅲ．①中学语文课-教学参考资料 Ⅳ．①G634.303

中国版本图书馆 CIP 数据核字（2017）第 160049 号

咏人物：语文有情怀

YONG RENWU：YUWEN YOU QINGHUAI

出 版 人：雷俊林
策　　划：刘晓露
责任编辑：刘晓露
复　　审：郭志强
终　　审：杨　文
装帧设计：陈　晓
印装监制：蔡　洁

出版发行：山西出版传媒集团·山西教育出版社
（太原市水西门街馒头巷 7 号　电话：0351-4035711　4729801　邮编：030002）
印　　装：山西人民印刷有限责任公司

开　　本：889×1194　1/32
印　　张：7.5
字　　数：141 千字
版　　次：2017 年 8 月第 1 版　2018 年 1 月山西第 2 次印刷
印　　数：3 001—8 000 册
书　　号：ISBN 978-7-5440-9318-7
定　　价：25.00 元

序

只有一个郗晓波

高　云

郗晓波老师的《咏人物：语文有情怀》要出版了，托我作序，我有点受宠若惊。郗老师长我一轮，不论是年龄资历，还是学养德行，都堪为师长，觉得由我作序，怕是要辱没了他的作品，于是连连推脱。郗老师一再嘱托，想想他前一阵子刚刚病了一场，正在疗养康复，于是不好推辞，可是又内心惴惴，思忖良久，竟不知如何下笔。小说家阎纲读了孙晓玲的《布衣：我的父亲孙犁》后表示很喜欢，写了篇文章——《只有一个孙犁》，我很感喟。回想自己在中学语文教学岗位上工作了近三十年，接触了好多优秀的语文老师，总觉得郗晓波老师实在是与众不同，现在要为他的新书作序，这种感觉越发强烈，于是仿阎纲老师的题目，就叫“只有一个郗晓波”。

初识郗晓波老师，是受张春莲老师之邀，给省里命制试题，我俩住一个屋。郗老师给我的第一印象是身姿挺拔，气度不凡。一来二去，知道郗老师最初是师院体育系毕业，工作后又上了教育学院中文系，改教语文，方才印证了最初的印象，怪不得郗老师看起来身板如此健硕。后来郗老师说我是语文老师里最喜欢体育的，不曾想他自己是体育老师里最喜欢语文的，竟至于中途易辙，教上了语文。郗老师的电子邮箱地址是“阳泉三中郗晓波”的首字母，他曾经质疑我学生的习作是不是抄袭的，直到退休后辅导了省城几所重点高中的学生，才告诉我，“学生里真有人才”。郗老师头上没有炫目的光环，什么“特级教师”“全国模范”之类的一概与他无缘。这样说来，一非中文科班出身、二没名校执教经历、三无模范特级名号，郗晓波是地地道道的“三无教师”。

屠呦呦是“三无教授”，获了诺贝尔奖，郗晓波是“三无教师”，可在山西高中语文界人人皆知，想来他在“三无”之外，至少也不乏“三有”。

郗晓波老师嗜书如命，博闻强识，勤于思考。郗老师每次来省城出题、讲座，必到之处一定是尔雅书店。他家里的书可谓汗牛充栋，“充栋”是一定的，何况一位中学老师能有多大一间屋子？“汗牛”倒未必，因为现代人不再用牛车运输了。和郗老师聊天，总让我感觉到自己的无知与浅薄，这倒不是郗老师有意卖弄或是掉书袋，实在是他读书太多，无意间自然流露而已。读书多的人不在少数，能思考的也不在少数，但在忙碌疲累的中学老师里，能像郗老师这样读书和思考的也许不多吧。

现在的语文老师，能选题、判卷、讲清楚答案的是认真负责的老师；能研究考纲、命得了模拟题、提得了学生分数的是好老师；能讲公开课、获取荣誉、发明几种教学模式的是好老师……郗晓波好像不是这样的好老师。龙应台曾说：“制度性教育教你如何认识‘实’，但没教你如何认识‘空’。……医学课本会告诉你如何对一个重度忧郁症患者开药，但是，卡夫卡给你看的，是这个忧郁病患比海还要深、比夜还要黑的内心深沉之处——医学的任何仪器都测不到的地方，他用文学的X光照给你看，心灵的创伤纤毫毕露。是的，文学，是心灵的X光。它照得到‘空’。”郗老师的课是能教你认识“空”的，他的课超越了语文知识和能力的范畴，他教的是真语文。他的睿智犀利、他的冷峻批判、他的孤傲狂放，常常让你神思专注，欲罢不能。做郗老师的学生是幸福的，聆听过郗老师教诲的青年老师也是幸福的。一名青年教师写了篇文章，叫《狂人郗晓波》，描述了郗老师留给自己的印象：“初见老师，肤色黝黑，不苟言笑，面挂秋霜；三日之后，再观老师，玉树临风，儒雅俊朗，傲然如兰。”并且说：“他的人品、他的文品、他的教育理念，都是值得我翘首仰视的。”

郗晓波老师也是能写得了文章的。一个人喜欢阅读与思考，吸纳太多，总得释放。他的杂文诙谐幽默，常常入木三分，令人捧腹之余，引起对当下教育深深的思考。当然，作为一名语文老师，他写的最多的还是有关教育教学的诸多思考与感悟——课堂实录、备课札记、评课笔记、习作指导、下水作文、试题评析、教学论文，林林总总，几百上千。

这次，郗晓波老师要出版《咏人物：语文有情怀》了，书中吟咏的一百个历史人物全用七言律诗写成。看来他除了写得了文章，也写得了诗歌。钟嵘在《诗品》的序文里说：“气之动物，物之感人，故摇荡性情，形诸舞咏。”以郗老师打小对诗歌的痴迷，哪一刻心血来潮，即便自娱自乐，吟几首借景抒怀或托物言志的律绝也非难事，但为语文课本里出现的一百位历史人物各写一首七律却非易事。评价历史人物见仁见智，若要持论公允，唤起读者共鸣，须得评价者站在历史的高度，有独特的视角，更得有雅量高致，甚或与历史人物做旷世之知音。王国维在《人间词话》里说道：“大家之作，其言情也必沁人心脾，其写景也必豁人耳目。其辞脱口而出，无矫揉妆束之态。以其所见者真，所知者深也。诗词皆然。持此以衡古今之作者，可无大误矣。”我认为郗老师这一百首诗，每一首都真实、真诚，流露着真情，令人扼腕感喟，唏嘘长叹。

学者王兆鹏说：“文学本无新旧之分，遽分新旧，皆因人力所致。但一分新旧，则宠辱随之，如杜工部诗云‘但见新人笑，那闻旧人哭’。”其实，诗文无论新旧，只在表情达意而已。七言律诗这类旧体诗并没有成为被时代抛弃的旧事物，它没有老，更没有死。旧体诗既有无数的创作者，更有广泛的接受者，中央电视台举办的“中国诗词大会”即为明证。郗老师在书的自序里自谦其诗是“拟律诗”，我觉得这些诗大多音韵和谐，合乎律诗的要求，只是一百首全用七律略有遗憾，若是能用到中国古代的各种诗体，甚至现代诗歌，或许对老师、学生更有补益。当然，我揣度郗老师更多考虑的是体裁的统一，难免有所割舍。至于诗作后面为每个人物加写的袖珍评传，可谓本书的又一亮点，尤其对中学生老师和中学生的阅读和鉴赏大有裨益。评传部分选材精当，亦庄亦谐，趣味横生，突出显示了郗老师一贯的语言风格，增强了本书的可读性。

杨绛先生在《一百岁感言》里感叹：一个人经过不同程度的锻炼，就获得不同程度的修养、不同程度的效益。好比香料，捣得愈碎，磨得愈细，香得愈浓烈。我们曾如此渴望命运的波澜，到最后才发现：人生最曼妙的风景，竟是内心的淡定与从容……郗晓波老师生病后的一段时间不常执笔，也不去打理博客，甚至很少与外界联系。有限的几次通话，我能觉得出郗老师内心的淡定与从容。他的教学生涯、他的人生历程有太多令同行和学生羡慕的曼妙风景——毕竟“只有一个郗晓波”。

（作者系山西省实验中学语文高级教师、全国优秀教师）

自序

一百篇袖珍诗评的诞生

郗晓波

幼喜太白五花马，亦爱东坡铜琵琶。
敲键躬坐肩背困，临屏目凝眼睛花。
偶有小作珍敝帚，唯恐大家笑涂鸦。
总寄闲情诗韵里，蜗居漫吟度冬夏。

中国有一本不同寻常的书，这个书名说出来几乎是家喻户晓，那就是《唐诗三百首》。这是清代一位叫孙洙的读书人自由编选的一个家塾课本。以一人之力没花国家一分钱就编写出一本风行天下、历久不衰的语文教材，真让我们现在的“砖家”汗颜啊！

俗话说“熟读唐诗三百首，不会作诗也会吟”，在古代，吟诗填词是生活中最高雅的精神享受，梁武帝曾说“一日不读谢诗，便觉口臭”。我蒙学时代，没多少书可读，《唐诗三百首》就是经常翻的书，我囫囵吞枣地读，不求甚解地读，丢三落四地读，只是觉得有些句子很美、很文雅，如“细雨鱼儿出，微风燕子斜”，“苦恨年年压金线，为他人作嫁衣裳”等。读得多了，有时候就产生了一点作诗的冲动，像小河水满了情不自禁要溢出点儿似的，最壮胆的一句话即“诗从胡说来”。写文章不是文人的专利，写诗好像也不应该成为诗人的专利。古人就有不少“胡说”的诗，最早因“胡说”出名的是唐人张打油。某晨，张打油见下雪的情景，信口吟道：“江山一笼统，井口黑窟窿。黄狗身上白，白狗身上肿。”这首《咏雪》诗，通俗逗趣，且启人心智。但真要写诗了，又发现诗还真不能胡说。写格律诗叫“戴着镣铐跳舞”，在节奏、押韵、平仄、对仗等苛刻的要求中自由地表达感情，真有“为求一字安，捻断三茎须”的艰难，怪不得古诗人在吟出一联佳句时会有种巨大的成就感。

但我作诗最初纯粹是自娱自乐，用不着时时问一声“画眉深浅入时无”。有时候自我开脱，就算是戴着镣铐跳舞，时代不同了，那镣铐的质地也应当有所区别，过去是木头做的“桎梏”，今天变成钢铁制的“镣铐”，所以我就放宽了作诗的限制，尤其赞成“太讲平仄则无平仄”的观点。故而称自己的诗为“伪律诗”，又觉得“伪”这个词有点儿贬义，而且“伪”总和“劣”连在一起，让人堵心。后来发现网络上有个词叫“拟律诗”，不知是不是从冯梦龙“拟话本”那儿搬过来的，觉得这个名儿很好。这样一“拟”就和古人严格的格律诗关系疏远了，只是仿拟古代格律诗罢了，这就让那些喜欢“桎梏”的读者读了我的拟律诗，也用不着批评我不懂平仄格律了。

我原先设想为中学语文课本中的历史人物“拟”一百首七律，这样断断续续地作了三四年，总算凑了个整数。同事学生读毕，多云不易懂，所以又拾笔，为每位历史人物写了袖珍评传。聚沙成塔，集腋成裘，结集这百首诗歌并写一小序，又生感慨：

熟读唐诗三百首，动嘴还要多动手。
作诗本无秘诀传，心有所感顺口诌。
莫想速成杜工部，先效唐人张打油。
久练则会心应手，吟出妙句不需偷。

目　录

第一编　咏先秦诸哲群贤

第二编　咏汉魏英雄豪杰

第三编　咏大唐骚人才子

第四编　咏两宋雅士词宗

第五编　咏明清书生墨客

第六编　咏现代学者大家

第七编　咏外国巨擘泰斗

第一编　咏先秦诸哲群贤

孔子：和风长送儒学香

莫为孔丘颜值怅，天生圣人有奇相。
曾厄陈蔡不择食，也居司寇能安邦。
首推仁爱倡包容，力践中庸重谦让。
三千弟子传文脉，和风长送儒学香。

孔丘是一位教师，一个长得比较寒碜的教师。《史记·孔子世家》这样描写孔老师："孔子适郑，与弟子相失，孔子独立郭东门。郑人或谓子贡曰：'东门有人，其颡似尧，其项类皋陶，其肩类子产，然自要以下不及禹三寸，累累若丧家之狗。'"《史记·孔子世家》记载孔子相貌："生而首上圩顶，故因名曰丘云。"估计当年社会上就尊孔子为"圣人"，但孔子说："若圣与仁则吾岂敢！"也就是说，我这个人没什么了不起，说我是个圣人，说我是个仁者，我怎么敢当呢？不过，人要是以圣人自居，就已经不是圣人了。孔老师平时教学是"述而不作"，没有写过教学论文，也没有鼓捣过课题研究。但孔老师比今天的老师伟大得多，因为他不是"教书"，教别人编的书；而是"教学"，教的是自己刻苦学习撰写出来的教材。所以，孔老师最喜欢的事情不是"教"，而是"学"，他是典型的"学者"，他50

岁得到《易》，如获至宝，把穿竹简的牛皮绳子都翻断了好几次。后来孔老师有感于“五十知天命”，我猜想是终身“学而不厌”使孔老师有感而发。他说“学而时习之，不亦乐乎”——说起来容易做起来难啊！

孔子其实就是一位教师，有人开玩笑说，他连个手机都没有。他一辈子很不顺当，有人说他是“丧家之狗”，但后人却把他演化成一位道德完人，这应该不是孔老师本来的样子。他有时候也说点怪话，如“唯女子与小人难养也”“举一隅不以三隅反，吾不能教也”，歧视女生和差生。有个叫宰予的学生白天睡觉，孔老师气得骂他：“朽木不可雕也！”搁在今天这叫“侵犯人权”啊！孔老师甚至还冤枉学生，有一次他路过厨房，看到自己最得意的弟子颜回做饭时正偷吃米饭，他立刻对之进行了批评教育。颜回说：“老师，煮米饭时溅出几粒米，沾了灶台的灰，把它放回锅里不卫生，扔了又浪费，我就把它吃了。”孔老师又立刻表扬了颜回。瞧，孔子就是一位老师，不是不食人间烟火的圣人。

孔子老师做的是家教，但是没有四处去张贴小广告，慕名而来的弟子粗略统计有三千多。孔老师招生时不计较学生的背景，不管你是“富二代”还是进城务工的农民工子弟，来者不拒，后人称之为“有教无类”。收费也不按小时计算，据说提一束干肉就算学费了，像颜回那样的贫困生顶多给老师送一束干菜。读读《论语》，发现孔老师早就实行了探究式教学和综合实践课。孔老师坐在老家曲阜的杏林里，学生们围着他团团坐定，他清清嗓子就可以流畅地讲上两个时辰。孔老师教学一直是“诲人不倦”，让人感到很亲切，所以他赢得了弟子们的崇敬，那种“至圣大师”的严肃样子是后人强加的，孔老师估计不太喜欢。薄薄一册《论语》，是弟子们在孔老师死后断断续续花了七八十年时间才编撰完成的。这本小册子最大的优点就是一句是一句，纯粹干货，没有水分。

老子：悟得真谛百年修

神龙见首不见尾，谁睹老子骑青牛？
玄言五千易诵读，妙机三宝难参透。
治国无为小鲜烹，养生有法细水柔。
大道至简在太极，悟得真谛百年修。

老子是个很神秘的人物，神龙见首不见尾，至今两千多年了，几乎没有人能够确定地搞清楚此人的来龙去脉。我们知道他做过国家图书馆馆长，是因为司马迁在《史记》中说他“姓李氏，名耳，字聃，周守藏室之吏也”。估计他天天蹲在图书馆里读书，不接受采访，不参加宴请，就是有手机也总是处在关机状态……所以知道他的人很少，就把他传得越来越邪乎了，留下许多疑问。比如说孔子姓“孔”才叫孔子，孟子姓“孟”

才叫孟子，那么老子姓“李”应该叫“李子”啊，为什么要叫“老子”？相传，老子的母亲怀了九九八十一年身孕，从腋下将老子生出来，老子一生下来就是白眉毛白胡子的样子，所以被称为“老子”。老子为什么名耳，字聃？于丹有一段解释。她说，老子一生下来，他父母就发现这孩子的耳朵特别大，“聃”是耳朵大的意思。

能做国家图书馆馆长的人，一定是学识渊博、睿智通达的智者。老子就是这样的人。但是老子认为他有“三宝”：“一曰慈，二曰俭，三曰不敢为天下先。”孔丘老师周游列国，见多识广，什么样的大人物没见过？当弟子告诉他世界上有这样一位神秘人物时，他特地去拜访老子，并且提出了自己最拿手的两个问题来考老子：“您认为道德怎么样？您认为要如何培养好的品性？”考考考，孔子的法宝。谁知老子却笑着说：“当一个人有了不道德的行为时，才会产生出所谓的‘道德’问题；当一个人已经没有任何品性时，才会想起所谓的‘品性’问题。一个有道德有品性的人，哪里会注意什么‘道德’‘品性’呢？顺其自然吧，不要去想什么‘道德’‘品性’的问题，这才是人该做的。”这番回答把孔老师惊出一身冷汗，回去对弟子说：“我知道鸟是怎样飞的，鱼是怎样游的，兽是怎样走的，可我不知道龙是怎样乘大风飞上天的。我今天看见老子，他就像一条大龙啊！”

再繁华的大都市，图书馆也总是相对寂寞的，古代的图书馆自然更寂寞。不过，老子这位国家图书馆馆长可不是只喝清茶看报纸的，那时的国家图书馆，估摸着就几间茅草屋，里面的书其实就是一捆一捆堆放在一起的竹简或木简，老子需要经常搬来搬去，进行整理和归类。有些板片脱落了，页码错乱，还得重新理顺。老子干馆长干得好好的，为什么就辞职了呢？有专家说是因为老子的父亲年迈，他辞官回家照顾父亲，骑青牛西出函谷关时，受到了他的粉丝尹喜的热情款待，恳请老子写点东西留下他的思想。三天之后《道德经》问世了。令人吃惊的是，这部重要的著作虽然只有短短五千字，竟然将天地间的道理都阐述得一清二楚。尹喜请人抄写了三套，一套给老子，一套赠国家图书馆，一套他留着自学。就这样，才有了我们今天看到的《道德经》。老子出关后从此就下落不明了，几千年来谁也找不到！

庄子：云霓万里鲲鹏飞

云在青天鱼在水，持竿不顾楚臣催。
宁戏污渎当泥猪，不踞宗庙做神龟。
荆棘数丛鸠鹦藏，云霓万里鲲鹏飞。
乘风御气逍遥去，天地精神独来回。

我总设想庄子是一个很幽默很风趣的干瘦干瘦的老头，让人联想到《愚公移山》中的智叟。《史记》关于庄子的记载大约有三百字左右，下面这个故事就用去了一半篇幅。楚王派人去请庄子做宰相，庄子却在濮水垂钓，持竿不顾，用调侃的口吻说：楚王有一只死了三千年的神龟，被供奉在庙堂上。你说，这只神龟是宁愿死了留下骨头让人供奉尊崇呢，还是宁愿活着摇着尾巴在烂泥中行走呢？使者认为当然是好死不如赖活着。庄子说：那对不起了，我也摇摇尾巴上路了。庄子虽然穷，但他既不愁也不潦倒，在他看来，河里的鱼比楚王的相位还要有吸引力。庄子似乎特别喜欢鱼，谁喜欢什么就老谈论什么。除了濮水垂钓，庄子还写过濠梁观鱼、涸辙之鲋、相濡以沫、得鱼忘筌、北冥有鱼等。对庄子而言，鱼是生命存在和生命自由的象征，庄子经常幻想自己能成为一条无忧无虑、逍遥自在的鱼。

庄子是河南人，他是河南人的骄傲。有专家认为他是楚庄王的后人，从他受教育程度来说很有可能是贵族后裔。庄子活了多大岁数不太清楚，据说他和惠施是最铁的哥们儿。他结过婚，史籍上没有记载他有没有小孩。庄子曾经“鼓盆而歌”。庄子的妻子刚死，棺材还搁在屋角准备埋葬时，庄子就坐在地上敲着瓦盆唱着歌儿。他的铁哥们儿惠施前去吊丧，见此情景很生气，说你妻子跟你这么多年，吃苦受罪，她死了你不哭倒也罢了，反而唱起歌来了。然后，庄子关于生死的伟大理论就产生了——庄子说：“她是死了，我难道能不为此而感慨吗？但是，人最初本来没有生命，不仅仅没有生命而且没有形体，不仅仅没有形体而且没有元气。后来，变得有元气，有形体，然后有生命，现今又死了，这就和春夏秋冬四季更替一样。人都安寝于天地之间了，而我却要凄凄惶惶地守着她哭，我认为不合乎常理，所以没这么做。”大哲学家超越了生死、超越了世俗，估计一般女人忍受不了。所以不少大哲学家都没结婚，如柏拉图、哥白尼、笛卡儿、帕斯卡儿、伏尔泰、康德、叔本华、克尔凯郭尔、尼采、维特根斯坦……尼采就说过：结婚是终结了短促的疯狂，代之以漫长的愚蠢，孩子一出生，哲学家就死了。

道家的创始人是老子，道家最早被称为“黄老之学”，庄子后来居上，受人喜爱，道家就被称为“老庄哲学”了。但老子和庄子个性迥异，处世不同。老子微笑待人，庄子狂笑处世；老子谦虚，庄子傲世。老子如果和庄子一起外出，路上碰到达官贵人，老子会彬彬有礼地打个招呼，而庄子却冷嘲热讽，极尽调侃挖苦之能事。北大才子蔡恒平写的《江湖外史》有一经典语：“幸福就是做一个不求进取的天才，胡乱快活一世。”庄子就是一个不求进取、胡乱快活一世的大天才，他什么事情都想开了，所以他宁愿做一头在污泥中嬉戏的大乌龟。就像古希腊犬儒派哲学家第欧根尼，生活在一个木桶里，也有人说是一个装死人的大瓮里。当亚历山大大帝知道他的国土上有这么一个怪人而去看望他时，问他有什么需求，第欧根尼说：“请你不要挡住我的太阳光。”据说惊诧的亚历山大大帝说：“做人，要么做亚历山大；要么做第欧根尼。”庄子和第欧根尼都真正达到了逍遥游的境界。

孟子：风送浩气塞天地

少多顽劣如彪虎，择邻断织赖贤母。
风送浩气塞天地，泪洗善心哀黎庶。
数说梁惠行王道，多讽齐宣绘乐土。
堪称人间大丈夫，不淫不屈无媚骨。

如果孟子参加“国际大学生群英辩论会”，肯定会获得“最佳辩手”的称号。孟子铁齿铜牙、纵横捭阖，擅长在论辩的过程中找到对方的软肋，然后一招致命。他或预设圈套，请君入瓮；或善譬巧喻，迂回进击；或先发制人，言辞锋利。他曾跟空想社会主义者陈相唇枪舌剑，你来我往，大战十几回合，直辩到对方哑口无言，孟子还两手一摊，无奈地说：“我哪里是喜欢辩论，我是不得已啊！”不得不承认，孟子确实长着一条三寸不烂之舌。孟子属于个性鲜明的人，跟谁说话，都是剑拔弩张、锐气逼人。其行文气势磅礴，其辩论无往不胜。如果他偶尔不说话，沉默起来，就更让人忐忑不安，谁也说不清他又在想什么呢。

孔子被尊为“圣人”之后，直到唐代的韩愈才抬高了孟子的地位，宋代的朱熹将《孟子》编入“四书”。在司马迁那个时代，孟子还没有被抬到“亚圣”的位置，所以司马迁写《史记》时对孟子不够重视，把他和邹衍、淳于髡、慎到等一干名人，胡乱堆在一起，总共写了两千字，记孟子的只有可怜的两百字，据说，还错了好几处。所以孟子生于何时、葬于何地，已经难以考证了。汉代刘向编撰的《列女传》中记载了“孟母三迁”和“孟母断织”的故事，由此我们可以看出，孟子的父亲早逝，他是由寡母抚养成人的。后人老喜欢把孔孟放在一块儿，似乎两个人趣味相投，其实两个圣人性情、趣味相差远矣！孔子讷于言而敏于行，孟子则能言善辩、伶牙俐齿。他俩最大的相似处即都是单亲（母亲）家庭的男孩。

都说中国人含蓄、内向，但孟子是个例外。孟子雄心很大，口气也很大。他表示：“夫天未欲平治天下也，如欲平治天下，当今之世，舍我其谁也？”“王如用予，则岂徒齐民安，天下之民举安。”意思是说，要想让这个社会河清海晏、歌舞升平，除了我，还有谁能做到呢？40岁之后，孟子开始周游列国，宣扬“仁政王道”的学说。他游说的第一个对象就是梁惠王，和梁惠王刚刚谈出一点眉目的时候，梁惠王突然死了。他的儿子梁襄王接了班，孟子第一次拜见梁襄王时，话不投机，对梁襄王的第一印象很不好，给后人留下了一句名言：“望之不似人君！”孟子出身平民，却毫不媚俗，有傲骨也有傲气。

当时，齐国的宣王正在稷下学宫搞一场“超级达人秀”，天下高人都想去那儿表演一番，孟子也参加了这次选秀活动。齐宣王也算是个音乐达人，后来让一个南郭先生搞得名声很臭。

但孟子运气不好，他引喻设譬，拐弯抹角地要把自己的“仁政”推销给齐宣王，最终的结果是齐宣王回头问手下的大臣：“今天皇家竽乐团演奏的还不错吧？哈哈……”孟子几次“出师未捷”，最终是怎样“身先死”的，史籍没有记载，但民间有“七十三，八十四，阎王不请自己去”的说法，据说孔子活了73岁，孟子活了84岁。

荀子：慧眼识人伪画皮

谁言人初性本善，荀子偏窥恶行端。
慧眼识人伪画皮，圣心积善化冰寒。
安邦首肯商君术，治学腹藏礼教言。
驽马扬鬃奋蹄疾，亦能驰骋到天边。

如果说孔子是一位谦和的老师，孟子是一位激情的社会活动家，那么荀子更像是一位沉稳的学者。冯友兰在《中国哲学史》上说过：“荀子在中国历史中之地位如亚里士多德之在西洋历史。”亚里士多德也许不是最伟大的哲学家，但肯定是知识最渊博的哲学家。他是亚历山大大帝的老师，亚历山大死后他就到处流亡了。他的著作据说多达四百部，研究的领域几乎包罗万象，以至于有人说，在亚里士多德的著作中，太阳下每一个问题都有其一席之地。作为“中国的亚里士多德”，荀子处在战国末期，诸子各派的思想学说均已出现，这使得他能广泛地采纳诸子思想，所以荀子的思想非常丰富。在他的思想体系里，不仅有儒家思想，还可以看到法家思想、道家思想，甚至阴阳家思想等。楚国的春申君曾任荀子为兰陵令，春申君死后荀子的兰陵令也就被废除了，于是，他便在兰陵安家，专心著书讲学，死后葬于兰陵。

《史记·孟子荀卿列传》记：“荀卿，赵人。”荀况是赵国人，专家们都举手表决，一致通过。但战国末期的赵国，疆域纵横两千里，荀子具体出生在何处，却众说纷纭。或说新绛县的，或说临漪县的，或说安泽县的。但肯定荀子是山西人。荀子早年游学于齐，因学问博大，是当时有名的国学大师。齐国的稷下学宫是当时最著名的大学，荀子曾经三次担任稷下大学的校长，当时称为“祭酒”。他的课讲得如何，史无记载，但他培养的两位高足却是鼎鼎有名：一位是秦国宰相李斯，一位是法家始祖韩非。上海的鲍鹏山老师称荀子为“帝王的幕僚”，认为他只不过是一位职业式的君子，对帝王保持着“忠、顺、勤、谨”的作风，凡事以君王的利益至上，敬畏体制中的地位。

继孔子推行“仁”、孟子推行“义”之后，荀子提出了“礼”。因为荀子认为人性有两部分：性和伪。“性”其实就是人的动物本能，人如果顺从了“性”，就会为满足欲望不择手段，导致道德沦丧、天下大乱。圣人知道“性”是恶的，所以创制礼义道德，“化性起伪”，用伪取代性，使人变善。荀子提出了与孟子“性善”论截然相反的“性恶”论观点。人究竟是“性善”还是“性恶”？其实，人的本性是无法用“善”“恶”这样两极固定不变的概念来描述的，它更接近人性的进步和原始欲望之间永恒的斗争与妥协的状态。譬如，丰衣足食的人能够有较大的余地表现对他人的同情；而当一个人穷困得只剩下一口饭的时候，对他人的同情就会减弱。中国古代儒家学说占上风，所以“性恶论”不受欢迎，这就是中国人喜欢孟子而不喜欢荀子的原因。

屈原：一赋怀沙万古惊

汨罗江上起悲风，披发长吟泽畔行。
香草必归三楚地，美人能将九歌听？
空以壮怀托君王，终将孤魂付湘灵。
世事恰如沧浪水，一赋怀沙万古惊。

屈原这个名字我们早已耳熟能详，其实屈原本来不姓“屈”，他是楚国贵族的后裔，他常沾沾自喜说自己是“帝高阳之苗裔兮”。楚王姓“芈”，“姓”后来又渐渐分为许多“氏”，“芈”姓就分为熊氏、屈氏、景氏，所以，“屈”并不是屈原的姓而是屈原的“氏”，“原”并不是屈原的名而是屈原的“字”。

按照现在的称呼，屈原应当被称为“芈平”。屈原是一位成就辉煌的大诗人，也是一位失败的政治家。屈原本意想做政治家，不想当诗人，但“有意栽花花不开，无心插柳柳成荫”，最终，他留下了千古传诵的诗篇；同时，带着万年不灭的遗憾投江自杀了。法国作家加缪在《西绪福斯神话》的开篇即说：“真正严肃的哲学问题只有一个，即自杀。”断定人生究竟是否值得活下去，就等于回答了哲学的根本问题。屈原是中国第一位因为理想破灭而自杀的诗人。

在《离骚》里面，屈原把自己写得非常美好，似乎整个楚国只有他一个人在忧国忧民，在“哀民生之多艰”，在“恐皇舆之败绩”，在“上下以求索”；他看到的是“举世混浊我独清，众人皆醉我独醒”。他成了孤军奋战的堂·吉诃德。他独自在汨罗江畔徘徊时，有个渔父走过来，说：“全社会的人都污浊，你为什么不在其中随波逐流？大家都昏沉大醉，你为什么不在其中吃点残羹剩酒呢？为什么要保持美玉一般的品德，而让自己讨了个被流放的下场呢？”渔父劝他索性和大家一样，明哲保身，屈原当然不能同意，他怀抱一块大石头投入了汨罗江。汨罗江本来是长江支流上的支流，因为屈原这一跳，也变得和长江一样有名了。

有位西方哲人说过，“我的聪明之处就在于知道自己不聪明”。这句话启示我们，知道自己不聪明的人才是真正的聪明，知道自己醉的人才是真正的清醒，你看喝醉酒的人老说自己“没……醉……”。可以肯定地说，当时楚国最清醒的人绝不只有屈原一个。有首古诗说："沧浪之水清兮，可以濯我缨；沧浪之水浊兮，可以濯我足。"可以说屈原不理解濯缨濯足的智慧。时事恰如沧浪之水，其清其浊都是我们无可奈何的事，人只能调整自己来适应社会。有个故事说柳如是要与钱谦益一起投水自尽，钱谦益下水试了几步，回头说水太凉，不死了！这是什么理由？怕死就明说，犯不着找这么荒谬的理由让人笑话！因此从这个角度来讲，我还是挺敬佩屈原的，他是一个为了自己的理想可以义无反顾的人。

烛之武：临难匹夫挽澜狂

秦晋刀枪鸣铿锵，郑伯束手群臣慌。
长养文武空食禄，临难匹夫挽澜狂。
三寸舌退虎狼兵，七尺躯保黎民康。
若非大厦倾在即，英雄终老篱笆墙。

春秋时期，国际上有两大霸主——秦国和晋国。这两个国家组成的联合军队要吞掉郑国这块肥肉。这时，平日里傲慢自负的郑伯急坏了，后悔当初没有以"太子党"的礼节好好地招待那个落魄的流浪汉重耳。这时候一直在郑伯身边工作的佚之狐趁机向郑伯推荐了烛之武。就这样，烛之武终于在历史的舞台上亮相了，而且一亮相，舞台上的聚光灯便立刻都聚在他的身上。骄横的大人物在需要帮助的时候也得低头，所以，有才能的人在关键时候一说撂挑子，连国君这样的大人物都紧张得直哆嗦。郑伯又是求告又是威逼，烛之武终于答应去说服秦君了。于是，我们看到：一个老人，在茫茫夜色的掩护下，缒城而出，独闯狼窝。

为什么烛之武能凭三寸不烂之舌说退秦师，这里面有个大前提：人是理性的经济人。中国有句老话“无利不早起”，形象地说明了什么叫“理性经济人”。要是没利，秦穆公为什么要跑老远的路兴师动众，陪着晋文公攻打郑国呢？难道是吃饱了撑的没事干要动一动减肥吗？否！所以，人对打仗这事儿是要做理性判断的，觉得有好处才打，得不偿失的仗打它干吗？战争是一个理性事件，预计有好处可捞才可以开打的。

晋侯、秦伯和郑伯都是典型的“理性经济人”，晋侯、秦伯觉得有好处，所以才“秦晋围郑”；郑伯也很理性，知道打不过人家，与其损失百分之百，不如拿出百分之五十的好处给秦伯。郑伯是个乐观主义者，虽然损失了百分之五十的好处，可他看到自己毕竟还剩下百分之五十嘛，相比作战的损失那是轻了许多呀。秦伯更理性，不费一兵一卒就得到了郑国的一半好处，真要打的话，必然损兵折将，恐怕还没有这么多好处，更多的好处很可能都让晋侯得到了，所以他及时变卦，和郑伯站在了一起。真是只有永恒的利益，没有永恒的朋友啊！晋侯就更理性，一看秦国站到了郑国一边，如果听信手下人头脑一热打起来，自己毫无胜算，说不定还会有更大的损失。权衡利弊，还是撤军为妙，最终晋军“去之”。如果领导人都这么理性的话，战争确实打不起来。这三个“理性经济人”成全了烛之武的好名声。

但很少有人将“英雄”这个响亮的称号和烛之武联系起来。在我们中国人的心目中，英雄好像不是曹操这种“无毒不丈夫”的枭雄，就是梁山那种“该出手时就出手”的草莽，而在我看来，即使在岳飞“壮志饥餐胡虏肉，笑谈渴饮匈奴血”的豪迈背后也充满了浓浓的血腥味。西方有句名言：“战争是死亡的筵席。”战争会使人变成最凶残的动物，所以，“胸前挂满勋章的将军不是优秀的将军”，因为那闪闪的军功章背后是成千上万无辜士兵的鲜血和生命啊！我想，就凭这次成功的外交斡旋，烛之武足可以获得诺贝尔和平奖的提名了。

触龙：说辞一篇警世钟

黑云压城城欲崩，犹闻赵后唾谏臣。
护犊情切欠思虑，劝媪心重意从容。
教儿应虑长远广，尊位须凭德才功。
说辞一篇警世钟，长鸣千载醒后人。

西方有演讲的传统，所以演讲家多，如苏格拉底、柏拉图等。中国有说谏的传统，所以说客、谏臣多，苏秦、张仪就是最有名的说客。所以，先秦散文中优美的篇章，常为说客、谏臣的说谏之辞。说谏不同于演讲，演讲的听众是群众，它具有公开性；而说谏是在两个人之间进行，听众基本是一个国君，不具有公开性。但说谏并非随便可以向国君提意见、上建议。要知道，意见和建议在理论上可以区分开，但在国君的耳朵听来，基本是一回事，弄不好是要掉脑袋的，所以，说谏的前提条件是：国家危在旦夕，君王不得不问。没有几个国君愿意居安而思危，有时危险就在眼前，说谏也未必奏效，赵太后就是典型。面对“秦急攻之”的危急和邻国“必以长安君为质，兵乃出”的苛刻条件，大臣劝谏的结果是要受“唾面”之辱的。

这时候跛足的老臣触龙出面了。他一瘸一拐地走向满脸怒气的赵太后。面对一个手握大权而又缺乏理性的母亲，讲道理肯定是白费唾沫，自讨没趣。对待领导错误的最佳方式就是对领导的错误避而不谈，先说点废话铺垫一下情绪，废话是正经话前面必要的铺垫，但废话又确实有力量，废话的力量就在于它的黏合力。触龙先从自己溺爱小儿子说起，缓和了太后的情绪，并且诱导对方产生听取自己意见的愿望。若没有这样的铺垫，你再说什么太后也听不进去了。触龙又像是一个出色的心理学家，他懂得太后的需求，所以先从饮食行走上关切太后的身体，体谅太后的难处，对太后的处境充满同情；而且，他摸透了太后的心理，懂得母亲溺爱孩子的情感，更懂得如何才能击破这种心理。托子中隐隐画出长安君的影子，然后举太后对女儿考虑长远一事，对比今日“为长安君计短也”，并从总结历史经验教训入手，分析赵国及诸侯国侯位绝嗣的原因，既言之以利，更动之以情，终于使太后心悦诚服，化剑拔弩张的局面为一片平静。触龙也成千古风流人物啦！

古人总结帝王之家“一代创，二代守，三代衰，四代败，五代杀”，民间也流传着“富不过三代”之说、“豪门出败子”之言。这并不是一个放之四海而皆准的规律。看看美国肯尼迪、福特、洛克菲勒、福布斯等家族，哪有三代而衰的？然而“富不过三代”确实很有中国特色。原因之一就是我们有培养“败家子”的传统。你看赵太后在儿子幼小的时候，就给他尊贵的地位、肥沃的土地、众多的珍宝，让他深知“我爸是皇上”。这样，门第、金钱很可能会给孩子带来伤害，所以，触龙的说辞的确如警世之钟，千载长鸣，警策后人！但结果也常常是“后人哀之而不鉴之，亦使后人而复哀后人也”，这大概就是中国历史吧。

勾践：雪耻铸就冷血魂

吴越兵戈几秋春，兵败会稽宏业空。
养晦宁受尝粪辱，雪耻铸就冷血魂。

卧薪暗磨龙泉剑，悬胆久蓄霸王功。

谁知敌亡狡兔死，一样烹狗露狰容。

你见过这样的战争场面吗？众多的刑徒排成三排，手执明晃晃的砍刀直直地走向吴国的军阵前，他们一排挨着一排地大吼一声，挥刀自刎，鲜血四溅，人头落地。这绝对是人类战争史上最刺激最血腥的游戏。吴军一时被血光迸射的自杀场面惊得目瞪口呆，不知所措。越军趁机发起攻击，大获全胜，吴王阖闾伤重而亡。这场游戏的导演就是越王勾践。

相信“卧薪尝胆”的故事早已家喻户晓，深入人心了。勾践是中国历史上最著名的忍辱负重的君王。中国有句老话，叫“士可杀而不可辱”。人活在世上如果丧失生命的尊严就失去了生存的价值。夫差显然是低估了勾践复仇的决心与复国的能力，他没有将亡国之君砍头，而是让他做自己的车夫，以这种方式来羞辱勾践。命运就像四处弥漫的空气一样实在不好把握，谁能想到勾践从九天之上一个跟头就栽到了地上，这躲不过的侮辱是对勾践最严厉的人生考验：要么站着死，要么跪着生……勾践选择了后者，他赶着马车行走在吴国的大街上，嘲笑声铺天盖地，连绵起伏，他感到自己愤怒的烈焰几乎要灼伤他的心。但他沉默啊，沉默……在嘲笑中平静地走着，走着……

受了剧烈精神创伤的勾践的灵魂是可怕的，一个能吃别人拉下的屎的人，什么事儿做不出来？如果让他在沉默中爆发的话。勾践用自己的屈辱赢得了夫差的信任，三年后他被放回了越国，他感到自己就像潜入深水的鳄鱼浮出了水面，可以狠狠地吸一口新鲜空气了。勾践卧薪尝胆、铭记耻辱、蓄势隐忍，以便东山再起，后发制人。苦心人，天不负。他终于经过“十年生聚，十年教训”，在沉默中爆发了，败吴国，灭夫差。连后世的大诗人李白也为他高兴地吟唱：“越王勾践破吴归，战士还家尽锦衣。”可谁想到勾践“破吴归”后不仅没有兑现与帮他“破吴”的第一号智囊人物文种“共知越国之政”的诺言，而且第一件事就是把文种送上了断头台，全不念战友情谊，全不讲哥们儿义气。勾践花了二十年时间报了仇，但他没有成为君子，反而成为中国历史上最著名的忘恩负义的君王，为后世暴君诛杀功臣开了一个恶劣的先例，也让我们看到了人性的卑劣与黑暗。

当带着血腥味的风从遥远的历史深处徐徐吹来时，我不知道究竟应当怎样评价勾践，我觉得他是一位带有浓重的流氓气息的英雄。他在困境中表现出了英雄的许多优良品质：忍辱负重、坚忍不拔、礼贤下士、同甘共苦等；而一旦获得成功之后，又表现出流氓的种种劣根性：贪婪自私、狭隘专制、暴戾残忍、嫉贤妒能等。难道人与人之间真的是可以同甘苦不能共享福吗？卧薪尝胆一直是我们津津乐道的故事，我不知道这个故事的广泛流传对后人起到的是好的作用，还是恶的作用。然而，我知道，勾践并没有死在历史中，他依然活在现代生活里……

廉颇：负荆心存庶民苦

立马三军一剑寒，诸侯谁敢犯邯郸？
负荆心存庶民苦，请罪胸怀赵国安。
抱恨恶宦谗遗矢，空负良将梦边关。
长平白骨今犹在，总催后人双泪潸。

廉颇被列为战国四大名将之一：廉颇、王翦、李牧、白起。司马迁记廉颇，开篇就是“廉颇，赵之良将也，以勇气闻于诸侯”。而且在列传中明文记载廉颇指挥了七场战争，对齐三次，对魏两次，对燕一次，对赵（攻击自己人乐乘）一次。而且每次都是主动出击，每次都获得胜利，共攻下五座城池。尤其是对燕国的自卫反击战，燕国趁赵国长平之战元气大伤，邯郸又刚解围，来趁火打劫，结果被廉颇“大破”，主将被杀，还被反包围，要用五座城池来议和才免于亡国。廉颇的军事艺术可见一斑，确实很有军事才华。

廉颇在战场上得意，但在官场上失意。这个世界上除了战场之外，再没有哪种对立性比官场更具有冲突意义了。这种冲突性迫使官场上大大小小的官员，都把自己的幸福建筑在别人的痛苦上；相反，别人的升官提拔也给自己带来了极大的痛苦。蔺相如从渑池会上回来，赵王封他为上卿。一个宦官的门客坐着直升机就窜到了丞相的位置，这明摆着是要打压廉颇。晚清名士李晚芳曾说："人只知廉颇善用兵，能战胜攻取耳，亦未足以尽廉颇；观其与赵王诀，如期不还，请立太子以绝秦望之语，深得古人社稷为重之旨，非大胆识，不敢出此言，非大忠勇不敢任此事。"我倒觉得廉颇倒霉就倒霉在说这种领导不爱听的话，让赵王满肚子不痛快，以后的日子不能不提防着这老头。

司马迁写廉颇，有两件事给人的印象尤为深刻。一个是廉颇负荆请罪，和蔺相如成刎颈之交的故事。这是千古美传，被人们谈滥了，原因在于两座高山之间从来都是深沟，难得有这么一个"将相和"的事，物以稀为贵嘛；一个是司马迁对人情冷暖的刻画犀利而深刻。司马迁当年因李陵案锒铛入狱，受腐刑、遭屈辱，大概看到世人的真面目了。廉颇在长平之战时被罢官回家，他的门客都纷纷作鸟兽散；后来赵王重新启用他，门客又来趋附廉颇。这让老廉一肚子恼火，让他们快滚。但这些门客不但不滚，反而开导廉颇说，我们追随你，就是看中你的权势，你有权有势，我们来投靠你；你没有权势了，我们离开你，这是很正常的。你怎么不懂人情世故呢？势利小人反倒振振有词了。在这些人的眼里，人情只是一张纸，权势才是永恒的。南怀瑾说过，中国人最感慨八个字：世态炎凉，人情冷暖。看来，廉颇还缺少识人的眼光，所蓄门客缺少像蔺相如、毛遂、侯嬴这样的人才，恐怕连鸡鸣狗盗之徒都没有。

廉颇这样一位名将，在国内一再受到排挤，后来不得不逃往魏国、楚国，他确实还想回赵国出力，但命犯小人，被仇家郭开使了绊子，让辛弃疾的“廉颇老矣，尚能饭否”成为报国无门、壮志难酬的千古名句。最终，廉颇将一缕忠魂留在了楚国的国都寿春。

蔺相如：唇枪舌剑气纵横

唇枪舌剑气纵横，敢与秦王争雌雄。
完璧宁可头碎柱，进缶何惧血溅宫。
擎天一柱荫燕赵，立地七尺折廉翁。
见惯人间沧桑事，宠辱炎凉心不惊。

司马迁对蔺相如的评价很高，《史记》盛赞蔺相如：“一奋其气，威信敌国，退而让颇，名重泰山，其处智勇，可谓兼之矣！”司马迁也是一介文人，文人总爱高估文人的能量，如李白“但用东山谢安石，为君谈笑静胡沙”，都以为自己有多大本事似的。我对蔺相如有一种别样的心情。他可以说具有商人的本领与赌徒的心理：心特细而胆特大，话特厉而机特巧。既有商人的头脑，讲利害、讲实际；又有赌徒的心理，敢冒险、敢玩命。蔺相如当初劝缪贤不要投奔燕王，而去“肉袒伏斧锧请罪”，不啻是一次赌博，不过拿的是缪贤的命。这次由缪贤推荐去虎狼之秦，是拿自己的命去赌博，玩的就是心跳啊！

秦国想要赵国的和氏璧，赵国即使不给也应该没事，王世贞说得明白：“是时秦意未欲与赵绝耳。”因为当时秦国还没有掀起统一中国的高潮，但赵国君臣有点“恐秦症”，这就给蔺相如创造了一个脱颖而出的机会，他觉得可以赌一把，于是自告奋勇亲自去秦国送璧，并保证完璧归赵。蔺相如要赌就玩大的，没有什么比命更大的了。赌赢了那就会出人头地；赌输了那就人头落地。如果不赌，他这一辈子就只能扮演宦官的门客了。这次赌博的结果是：秦国没有得到和氏璧也没有丢掉十五座城池，而赵国没有得到十五座城池但也没有丢掉和氏璧。秦赵两国都既无所获也无所失。最大的赢家是蔺相如，他从宦官的一个门客一下变成了“上大夫”。当然，敢拿命去秦国赌一次，世上也没几个人有这个胆量！

虽然有“弱国无外交”之说，但看“渑池会”上蔺相如的态度还是很强硬，他甚至敢以杀死秦王来进行威胁。蔺相如之所以敢这样强硬是因为他和赵王两个人的性命是拴在一起的。蔺相如是以赵国上大夫的官位陪同赵王前去赴会的，如果赵王被扣蔺相如也跑不掉，“渑池会”上拼也是死，不拼也是死；如果赵王受辱回国，蔺相如也没有好果子吃；如果在“渑池会”上蔺相如捍卫了赵王的尊严，前途就光明灿烂了。这一次他又赢了，成了“上卿”，还“位在廉颇之右”。

蔺相如为什么怕廉颇这位老将军呢？更何况还有赵王在背

后给他撑腰？蔺相如自己坦露的动机是“先国家之急而后私仇”。这是事实，但未必完全。君子不得罪小人，尤其是不得罪有功劳的小人。廉颇估计不是胸怀宽广的人，蔺相如采用的是“惹不起咱还躲不起”的策略，另外，他还或许让门客把自己的话故意放风给廉颇听了。廉颇是个粗人，不懂机关奥妙，自然感激涕零，就积极配合演出了“将相和”这出好戏。以上文字是我以小人之心度君子之腹，是一己之见，欢迎大家拍砖。但不管蔺相如动机如何，结果总是好的。

荆轲：布衣一怒惊鬼神

自古豪侠出赵燕，衣素冠白匕如雪。
田首樊头诚金诺，筑悲歌亢乃死诀。
布衣一怒惊鬼神，碧血四溅冷苍月。
可惜易水已无波，萧萧秋风空呜咽。

很喜欢辛稼轩这几句词：“易水萧萧西风冷，满座衣冠似雪。正壮士、悲歌未彻。”这个故事脍炙人口，几乎没有一个读书人不知道那首歌：“风萧萧兮易水寒，壮士一去兮不复还。”长歌当哭、悲凉慷慨的歌声伴着悲怆低沉的筑声回荡在萧萧的秋风里。荆轲此时左手提着樊於期的人头，右手持着督亢的地图，地图中静静地躺着那把浸透了毒的匕首。他的心情是复杂的、沉重的。为着一句“愿先生勿泄”，田光当下自刎；为着一句“愿得将军之首”，樊於期立刻献首。这一诺千金都逼着荆轲舍命闯虎穴狼窝。并且，易水诀别，荆轲与太子是不欢而别的。此时的他是为了自己的承诺，为了自己高贵的人格，“就车而去，终已不顾”。

由此，我喜欢冷兵器时代，喜欢闪着寒光的青霜、鱼肠。由此，我喜欢读《刺客列传》，喜欢荆轲这样的英雄，喜欢刺秦这样惊心动魄的场面。荆轲未必生得伟大，但绝对死得光荣！敢不敢去虎狼之秦是一回事，能不能去虎狼之秦是另一回事；敢不敢行刺秦王是一回事，能不能行刺秦王又是一回事。人的一生，要敢于主动设计自己，敢于勇敢塑造自己，这就够了！古人议论勇者，见解特殊，入骨三分。田光向太子丹推荐荆轲时曾阐述过：“血勇之人，怒而面赤；脉勇之人，怒而面青；骨勇之人，怒而面白。”而荆轲是“神勇之人，怒而色不变”。荆轲虽然是市井平民，但不甘于平庸，即使面临失败，也敢于搏击命运。

失败了？是的，荆轲是失败了。这世间有争斗就有成败，失败并不可耻，更不可怕。荆轲，你是失败的英雄，虽败犹荣。试问天下男子，几人敢有这样令英雄扼腕的失败？几人能有这样永垂青史的失败？失败了？是的，荆轲是失败了。但荆轲是在真正的决斗中失败的，这是英雄的失败，他是失败的英雄。在秦王戒备森严的大殿上，荆轲如入无人之境，笑对刀从、从容自如。图穷匕见，惜乎功亏一篑。但这一刺，长久地震撼着国人的心灵。它作为弱者的正义和刚烈的象征，在历史中定格。荆轲的行为，是一介平民对最高权势的蔑视，是情感的激扬，是绝境中的反抗。

读《荆轲刺秦王》并不能给人以快感，只觉得心沉甸甸的。曾与荆轲博弈的鲁句践感叹：“嗟乎，惜哉其不讲于刺剑之术也!”唉，只可惜了樊於期的脑袋和徐夫人的匕首了！现代人身上还能找到荆轲这种血性吗？现代社会里还能激荡起荆轲这种阳刚之气吗？值得一提的还有荆轲的朋友高渐离，他在荆轲刺秦失败后，又独自策划了一次刺秦行动，自己刺瞎双目，贴近秦皇，举起灌了铅的筑掷向秦皇帝，也惜乎不中。他用自己的生命续谱了《易水歌》：“风萧萧兮易水寒，壮士一去兮不复还。”

第二编 咏汉魏英雄豪杰

项羽：头颅掷出乌江红

项家虎子志凌云，布衣敢取秦暴君。
釜破舟沉惊鹿野，宴散斗碎叹鸿门。
楚歌四起悲骏马，玉帐一唱累美人。
愧对江东子弟兵，头颅掷出乌江红。

英国历史学家汤因比在检讨自己的学术研究时，曾感慨万千地说：历史是不可研究的，因为我们无法真正还原历史，也不可能让死去的人、死去的事件复活，而所有事实真相的底牌始终都攥在他们手里。项羽是一个什么样的人物？他在楚汉之争中为什么败北？真相已无法弄清，所以大家才议论纷纷，见仁见智。影响比较大的是厚黑教主李宗吾的评论——项羽“失败的原因，用韩信的话说是‘妇人之仁，匹夫之勇’。妇人的仁慈，是在心里有所不忍，它的病根在于心不黑；匹夫的勇猛，是受不得一点气，它的病根在于脸皮不厚”。《百家讲坛》的易中天认为“项羽是英雄而刘邦是无赖，项羽是贵族而刘邦是流氓”。其实也无非是流氓脸厚心黑，我是流氓我怕谁。这样讲究身份、手段的贵族自然不是流氓的对手。

其实，项羽坑杀秦军二十万降卒，不能说脸皮不厚心不黑，哪里有一点“妇人之仁”呢？说项羽有“妇人之仁”，主要是指历史上那次著名的饭局“鸿门宴”。我们在影视剧中见过多少“摔杯为号”的饭局，屏风后面一定埋伏着五百刀斧手，冲出来就是刀光剑影，但在这次的饭局中项羽没有杀死刘邦，并不是因为他仁慈。此时的项羽是一个二十多岁的青年英雄，刚刚破釜沉舟，九战九胜，解巨鹿之围，灭秦军主力，各路诸侯拜见他时，“无不膝行而前，莫敢仰视”。他身为上将军，雄视天下，笑傲江湖，根本就没把刘邦这个五十多岁的老家伙放在眼里，这才刀下留人，白白地浪费了一桌好菜。

项羽不是曹操，这厮缺少识人的眼光，看不出老刘才是真正潜在深水中的大鳄。项羽在少年时代就是一个“问题学生”，屁股坐不在板凳上，学书学剑学兵法，都是蜻蜓点水，所以脑袋比较空；但他是项燕的孙子，高干子弟，而且力能扛鼎，抱负宏大，这种人的脑袋难保不进水。据史籍记载，一次嬴政坐着“大奔”出巡时，项羽见他威风凛凛，便对项梁说：“我以后要取代了这家伙。”他叔叔被惊出一头白毛汗，赶紧捂住他的嘴。项羽被刘邦的游击战术搞得晕头转向，他纵然有千钧之力，但出拳时却老找不到对手。他天真地向刘邦提出：“这天下争斗不息，就是因为我俩，干脆咱俩单挑算了！”但刘邦不和他玩这个。玩到最后，项羽眼睁睁地看着老婆自杀，最后在乌江边唱了一首歌，留下一句遗言：“无颜见江东父老。”自己抹了脖子。

项羽一直作为一个失败的英雄受到后人的赞颂，这是因为司马迁写项羽和刘邦时，把项羽描写得叱咤风云、英气逼人；而刘邦在他的笔下则平淡无奇，甚或猥琐。于是便有阮籍登广武战场发出“世无英雄，使竖子成名”的感慨。后世对项羽最著名的赞语应当是李清照的绝句：“生当作人杰，死亦为鬼雄。至今思项羽，不肯过江东。”

刘邦：我自高唱大风歌

乱世草莽起江湖，手提三尺头颅赌。
咸阳约法赤龙蛰，鸿门脱身白鹿逐。
百折关中犹存锐，一战垓下终称孤。
我自高唱大风歌，功过笑由后人书。

帝王将相都特别讲究身世。说到身世，最难过的要数刘邦了。他出身卑微，不用说他自己，就是他父母连个正经名字都没有。《史记》记载：“父曰太公，母曰刘媪。”翻译成现代的话就是刘邦的父亲是刘大爷，母亲是刘大娘。刘邦兄弟三人，分别叫刘伯、刘仲、刘季。刘邦排行老三，他的名字就叫刘三。刘邦登基之后觉得刘三这个名字不雅，改名叫刘邦，并给自己弄了一个神秘兮兮的出生之谜：有天晚上，刘邦喝醉了酒，见一条大白蛇盘在路上，他酒意蒙眬，挥剑将大白蛇斩为两段。

后来有一个老妇人在蛇被杀死的地方哭，有人问哭的原因，老妇人说：我的儿子是化成蛇的白帝子，因挡在路上被赤帝子所斩。后来人们称刘邦为“赤帝子”。《汉书》第一卷第一段则明文写道：“母媪尝息大泽之陂，梦与神遇。是时雷电晦冥，父太公往视，则见交龙于上。已而有娠，遂产高祖。”班固老爷子的手笔真厉害，天龙成就高祖刘邦的那个爱情时刻，是刘邦的爸爸亲眼见到的。史书上说刘邦隆准龙颜，左边大腿上有七十二颗黑痣，象征赤帝七十二日之数，不知谁数得这么准确？

自古英雄多无赖。刘三少年时并不是听话守规矩的好学生，刘太公常骂他不如二哥老实，不肯好好种地。刘邦原来是沛县亭长，有次押送服劳役的犯人去骊山，在半路上不少人开了小差，他干脆把剩余的人都放走，还很善良。当年秦皇出巡，仪仗奢华。项羽说：“我以后要取代了这家伙。”刘邦却感叹道：“大丈夫应当这样生活啊！”明眼人一看就知道，两个人都有大志，只不过刘邦说得含蓄些。真是“心有多大，舞台就有多大”，秦末乱世给刘邦提供了施展政治才华的大舞台，他与狼共舞，最终战胜了群狼。他其实就是一条狡诈无比、吃人不吐骨头的老狼。项羽曾想出一个损招，捉了刘邦的父亲，威胁要煮了吃。你猜刘邦说什么？他竟然说：“你如果煮了这老家伙，一定要分给我一勺肉炸酱。”让项羽徒唤奈何。后来刘邦当了皇帝后大杀功臣，也不奇怪了。

刘邦与项羽大战四十次，小战七十次，屡战屡败，屡败屡战，最后垓下一战，让项羽自刎乌江边。易中天认为：“刘邦是个流氓，却是流氓里的英雄。流氓指的是他的出身、他的教养，不是指他的天资。要论天资，刘邦无愧于领袖的称号。”领导是上级任命的，领袖是天生的，不用人教，何况也教不出来。刘邦最大的特点就是知人善任，他手下的人出身都不好：张良是失意贵族，陈平是游士，韩信是流氓，彭越是盗贼，英布是刑徒，萧何是狱吏，樊哙是狗徒，灌婴是布贩，周勃是吹鼓手……就是这样一群人围着项羽死缠烂打，最终乱拳打死了项羽。刘邦终于实现了“大丈夫生当如是”的愿望了！

张良：运筹帷幄谋天下

貌似莲花意若峰，圯桥拾履遇黄公。
博浪送秦一柄锤，鸿门脱项三重凶。
运筹帷幄谋天下，逐鹿中原任驰骋。
良知功高震汉祖，一掷乌纱游赤松。

张良，字子房。战国时的韩国在今天的河南郑州一带，张良的祖上“五世相韩”，所以他就是地地道道的河南人。张良与萧何、韩信并称为“汉初三杰”。刘邦称他能“运筹帷幄之中，决胜千里之外”。《史记》记载，张良是个靓仔，“状貌如妇人好女”。但这个人们印象中纤弱俊秀如同漂亮女孩子的书生，不但多谋善断，而且勇气过人。秦灭韩后，他心中挟着亡国之痛，在那个“士不敢弯弓而报怨”的时代，时刻图谋复国，于是变卖家产，招募刺客，还真的招募到一位大力士，携带一柄120斤重的大铁锤，埋伏在博浪沙袭击始皇，可惜铁锤掷偏了一点，仅打碎了秦始皇的副车。秦始皇极为震怒，号令全国严搜刺客，搅得天下惶惶不安。

张良后来改名换姓，逃往下邳藏匿。这就发生了著名的圯桥“拾履受书”的故事。某天他走到一座桥上，一位老头儿故意把鞋甩到桥下叫他拾上来。张良很窝火，很想揍这老头儿一顿。但一想别和老头儿一般见识，就下桥取鞋，并给老人穿上。结果老头儿认为张良“孺子可教”，最终把一部《太公兵法》交给了他。张良日夜研读，终成“谋圣”。那么，张良因何被黄石公看中呢？苏轼在《留侯论》中曾评论张良：“卒然临之而不惊，无故加之而不怒。”也就是说张良有过人的隐忍精神。他每次如约而来，却因比老头儿晚到而受到训斥。他不辩解，而是一次比一次来得更早，他并不知道老头儿要干什么，但他坚守信义。其实，像张良这么聪明的家伙，我揣摩他早就看出老头儿不同凡响。呵呵，开个玩笑。自从得到《太公兵法》后，张良就有了神鬼莫测的无穷玄机，日后成为刘邦智囊团的首席。

张良最值得称道的地方是他淡泊名利的精神。汉朝建国后，刘邦大封群臣，张良谢绝了刘邦对他的万户侯的封赏。在刘邦的再三劝说下，他只挑了偏远贫穷的留县，说：“陛下实在要封赏我，就把我和陛下相识的地方留县封给我做个纪念吧，我哪里当得起万户侯。我昔日刺杀秦始皇，天下震动；现在以三寸不烂之舌为帝者师，得到封万户侯的荣誉，这对我这个平头百姓来说太过分了。”张良不但不做万户侯，最终将这个小小的留县县令也找了个机会放弃了。功成身退说起来容易，做起来难。张良的确是看透了人间世事。

虽然说“金无足赤，人无完人”，但我还是觉得张良算得上是中国历史上的一个完人。他有才有貌、有智有勇、有谦有让、有信有度、有情有义。他在前半生奋力报国，建奇功伟业；后半生逐渐淡出官场，潜心修道，希望能和赤松子一起“逍遥游”。他是“三杰”中唯一善终的功臣。据说他仙逝后吕后不信，命人掘墓查看，结果一夜间天下出现三千张良墓。据《太平广记》载：张良成仙后，仙位为“太玄童子”，常随太上老君在太清仙界遨游。

贾谊：早赴黄泉鬼神哭

少怀卓荦览群书，笔振洛阳惊宿儒。
积贮疏奏苍生济，治安策论汉室图。
湘水有情吊屈原，长沙无意问鸟鹏。
老臣满朝妒英才，早赴黄泉鬼神哭。

我们曾经听说过许多少年天才，譬如韩寒、郎朗、常昊等，但我们大多听说过的是文学、音乐、绘画、体育、数学等方面的少年天才。似乎少年天才很难在政治、历史这些领域中冒出来。汉代的贾谊就是这样的政治天才少年。唐代的王勃自小就是个神童，他在26岁时写出千古美文《滕王阁序》。毛泽东赞扬王勃的诗文，“与王弼的哲学、贾谊的历史学和政治学可以媲美了”。补充一句，王弼是曹魏时的玄学家，研究《周易》《道德经》，23岁卒。

贾谊不简单，贾谊的老师也不简单。我们曾说荀子有两个高徒，一个是李斯，一个是韩非。李斯有个高徒叫吴公，汉文帝时做河南太守。贾谊就是吴公的高徒，也是吴公将他推荐给汉文帝的。所以，贾谊18岁的时候就被19岁的汉文帝任命为博士。“博士”的级别相当于县令，虽然不算高，却享有经学权威的崇高名望，上朝可戴卿大夫级的冠冕，而贾谊又是百官中年龄最小的，前途一片光明灿烂。他在《过秦论》中指出秦灭亡的原因是“仁义不施而攻守之势异也”，震动满朝文武。随即，他又写了《论积贮疏》《治安策》等文章，表现出超人的政治才华和文学才华。同样年轻的汉文帝因为刚刚即位，正想干出点样子来。翌年，他破格提拔贾谊为太中大夫。这是“九卿”之一，皇帝近臣，相当于副省级领导。到了第三年，他甚至打算升贾谊为公卿，这就好比让一个二十出头的毛头小伙子从县长一下子成为中央政治局委员。这下终于炸开了锅，以周勃为首的老同志们再也坐不住了。江山是他们帮着刘邦打下来的，凭什么一个乳臭未干的臭小子可以在朝廷上指手画脚？汉文帝无奈，只得把贾谊贬到长沙，任他为最心爱的小儿子长沙梁怀王的太傅，就是给太子当老师。

连王勃也感慨："屈贾谊于长沙，非无圣主。"汉文帝也算是一代明君了，贾谊尚不能为他所用。司马迁把屈原和贾谊放在一起写了《屈原贾生列传》，他俩虽然不是同时代的人，但是遭遇有不少共同之处。他们都才高气盛，又都因忠被贬，在政治上都不得志，在文学上都成就卓著。所以，司马迁才把他们列在一起。到了长沙，贾谊教书育人的工作做得不错，他希望为刘氏王朝培养出一个素质极高的政治明星。但天有不测风云，梁怀王骑马上朝时一不留神摔了下来，居然摔死了。贾谊陷入深深的内疚、悲伤和绝望之中，一年后也郁郁而终。唉！摔死怀王，哭死贾生。

早熟的果子早落，贾谊死时才33岁。其实，贾谊到长沙之后，心情一直郁郁不快，他总是借辞赋抒发胸中的块垒，最著名的就是《吊屈原赋》。细读全赋，这哪里是在吊屈原，分明是在悲悼自己啊！古语说："自古才命两相妨。"不知是才华损害了贾谊的命数，还是命数终止了他的才华。呜呼哀哉！

司马迁：笔擎千秋信史铸

龙门地杰出人灵，生为文豪死鬼雄。
皇宫陈情淆忠奸，蚕室苟活知轻重。
笔擎千秋信史铸，书传万代镜鉴弘。
史家绝唱无韵骚，长歌一奠古今恸。

我们喜欢说父母是人生的第一任老师。司马迁的第一任老师，也即他的父亲司马谈，是汉朝的大学者，担任过太史令。不但如此，连司马迁的小学老师也是大学者。小司马在10岁左右向董仲舒学《公羊春秋》，向孔安国学《古文尚书》，有这样的名师指点，他想不成才都难。司马迁不但读万卷书，更注重行万里路。在20岁时，他从京师长安南下漫游，足迹遍及江淮流域和中原地区，所到之处考察风俗，采集传说。不久，他就升为郎中，成为汉武帝的侍卫——真是少年得志，春风万里，前途一片光明。

可惜地球是运动的，一个人不会永远处在同一位置。在司马迁48岁那年，发生了一件转变其命运的事情。李陵率五千步兵与十几万匈奴军队血战，兵败被俘，投降匈奴。中国人不太喜欢考究失败的原因，只看最后结果。你不成功就必须成仁，否则就是叛徒，叛徒是人人可食其肉寝其皮的坏蛋。所以，汉武帝对这个叛徒恨之入骨，紧急召开批判会，让大臣们发言痛批这个叛徒。发言者当然都投汉武帝所好，给坠入深井里的李陵再扔几块石头罢了。但社科院史学研究所所长司马迁情绪一激动，就忘了看皇帝的脸色了。他认为李陵不是真降，而是等待适当时机，报效国家。就因为这几句话，他被汉武帝刘彻戴上了一顶“诬蔑主上”的帽子，处以死刑。汉武帝逮不住老虎就拿猫出了一口恶气。现在看来，司马迁充其量不过是说了几句公道话而已。然而，问题不在于公道话本身，而在于竟然有人敢站出来说公道话，扫了领导的面子。在汉武帝的心目中，你小小的太史令算什么，居然敢跟我讲道理？最终的结果国人皆知，司马迁保住了性命，却没有保住命根子。

“世界作为疯人院，已经太久太久。”这是尼采没疯之前写的一句话。司马迁一觉醒来，这个疯人院的天都黑了……一个大男人首先想到的就是“死”，但他认为自己死了，在权贵们眼中就如九头牛身上掉了一根毛，一钱不值。正如《麦田的守望者》里所说：“一个不成熟的男人的标志是他愿意为某种事业英勇地死去，而一个成熟的男人的标志是他愿意为某种事业卑贱地活着。”活着，并不容易。终于，司马迁蘸着血和泪完成了《史记》——他孤独的生命，在《史记》中得到永生。让人不可思议的是，古代没有电灯，没有钢笔、稿纸，司马迁居然凭着刀子、木板这些硬家伙，在两三年间就拿出一部五十二万字的巨著！

哈佛大学研究员黄仁宇先生在《赫逊河畔谈中国历史》中说，中国读书人运气好，有太史公司马迁写的《史记》："今日我们一打开《史记》，随意翻阅三五处，即可体会到作者带着一种浪漫主义和个人主义的作风，爽快淋漓，不拘形迹，无腐儒气。"我们后人在感慨司马迁的遭遇时，还要感激司马迁带给我们的好运气！

苏武：朔漠傲骨惭降官

奉使和匈出塞关，岂知生变困北番。
冰窖吞毡胡酋惊，雪天牧羝汉节寒。
烈风孤臣拒貂裘，朔漠傲骨惭降官。
皓首归来几人识，青史留名万古传。

苏武的父亲苏建是代郡太守，苏武兄弟三人凭着父亲的职位，都做了皇帝的侍从，所以，苏武算是典型的"官二代"。近水楼台先得月，苏武得到了出使塞外这个令人垂涎的美差。天子执手相送，百官把酒恭贺，亲朋吟诗唱和——这是多么高的荣誉！历史上多少出使边塞不辱君命的名臣激励着苏武——此去山高水长，风餐露宿，但请君王放心，我苏武一定要出色地完成这光荣的使命！苏武坐在咣当咣当的马车上，举着长长的挂着蓬松轻柔的旄牛尾的旄节——皇帝托付给他的代表国家使命与责任的象征，气宇轩昂地进了匈奴单于的大毡房，宣讲大汉天子的外交政策。可惜皇帝是苏武的，单于根本没当回事儿。

由于匈奴的缑王谋划劫持单于的母亲阏氏（yān zhī）归顺汉朝，而汉朝的副使张胜被牵涉在内，苏武也受牵连，因而被拘于匈奴。苏武自觉有辱使命，几次自杀未遂，却赢得了单于对他人品、气节的欣赏，希望他能留下来为匈奴国效力。这种企图遭到了苏武的拒绝。从出使到被扣留，劝降的人来了一拨又一拨，威逼利诱了一次又一次，但苏武始终拒绝、拒绝！一点面子都不给单于。这就惹恼了单于，他置外交惯例于不顾——既然敬酒不吃，那就对不起，只好请你吃罚酒了。单于一声令下，就将苏武关在一个露天的大地窖中，不给吃的喝的。好在西伯利亚的大雪时常光顾，雪花落入地窖，苏武就把睡觉的毛毡子的毛撕下来，和着雪一起吞咽下去。幸亏那时候的毛毡子不是“黑心毡”，苏武居然好几天没有被饿死、冻死。这让单于感到很奇怪。于是他干脆就把苏武发配到北海去劳动改造了。大汉天子派去的外交官就这样成了羊倌儿。

北海就是现在俄罗斯西伯利亚地区的贝加尔湖。那个地方天寒地冻，气候恶劣，荒无人烟。单于对苏武这个老顽固恨之入骨，就为他设置了一道世界性难题：让公羊生出小羊。所以苏武只能提着那根磨秃了旄牛毛的特殊棍子，日复一日地在北海牧羊。苏武坚信皇上派我来，肯定不会忘了我，肯定不会不管我，肯定会来接我回家……等啊等啊，一直等了十九年……

遗憾的是，长安城里的皇帝似乎早就忘了这个死心眼儿的老人了。苏武对朝廷负责，结果闹到最后，朝廷里却没人对他负责。假如他饿死冻死在贝加尔湖，长安城里也不会有人为他买一个骨灰盒，开一个追悼会。

还好，苏武终于从遥远的西伯利亚捡回了一把干瘦的老骨头。但皇帝已经换人了，不过汉昭帝还是在金銮殿上客客气气地把这个吃尽苦头、受尽侮辱的老头儿大大地表扬了一番，任命他担任典属国——一个负责归降的少数民族事务的官员。苏武四十多岁出使匈奴，归来时满头白发。他的坚持、他的气节，令后人景仰，被誉为“千古第一忠臣”。“苏武牧羊”的故事荡气回肠，但细细一想，苏武付出的代价是多么惨重啊！

张衡：南阳地灵出豪俊

南阳地灵出豪俊，从容淡静志向宏。
学通五经贯六艺，情抒四愁赋二京。
巧设蟾蜍听地动，妙尽璇玑观天穹。
一把骸骨千年土，空将幽情诉张衡。

如果参加“中国达人秀”，张衡肯定是达人中的达人。他可以获得天文达人、数学达人、发明达人、制图达人、辞赋达人、绘画达人等桂冠。他是“浑天说”的代表人物之一。他创制了世界上第一架能观测天象的浑天仪，第一架能测试地震的候风地动仪，还制造出了指南车、飞行数里的木鸟等。著有科学天文著作《灵宪》和《灵宪图》等。他还研究文字训诂的学问，著有《周官训诂》一书。他曾花了十年时间创作出文辞优美、脍炙人口的《二京赋》《四愁诗》，被誉为“不易得见的杰作”。当时就传有他能用脚画神兽的故事，可见他画艺高超。如果张衡参加“诺贝尔科学奖”的评选，我堂堂中华岂能次次落空，常使专家泪满巾呢？有时为张衡抱屈，他真是生不逢时啊！

张衡生不逢时，却生逢其地。他出生在堪称物华天宝、人杰地灵的风水胜地河南南阳。唐代诗人李白在《南都行》中盛赞南阳：“此地多英豪，邈然不可攀。”最著名的是“南阳五圣”：“谋圣”姜子牙、“商圣”范蠡、“智圣”诸葛亮、“科圣”张衡、“医圣”张仲景。这钟灵毓秀之地孕育了多少中国达人啊！

张衡生逢其地，更生逢其家。他的爷爷张堪被人称为神童，曾当过蜀郡太守和渔阳太守。张衡幼年时家境就已衰落，但这样的家庭却可以成为天才的摇篮。张衡少年时就博览群书，文采横溢。他18岁出门远行，游学于当时的大都市长安和洛阳，结识了许多著名学者。其中，精通天文和数学的青年才俊崔瑗对张衡走入科学大门影响颇深。这段时间张衡致力于探索天文、阴阳、历算等学问，并反复研究西汉扬雄著的《太玄经》。他在这些方面的名声引起了汉安帝的注意。张衡被征召进京，拜为郎中，后来长期担任太史令。他的许多重大的科学研究工作都是在这一阶段完成的。

最为难得的是，张衡虽然符合张爱玲所说的“出名要趁早”的情况，但他一直谦虚谨慎、从容冷静、淡泊名利。就连当时炙手可热的权势人物大将军邓骘召他当官他都不去。他对升官发财毫不在意，而是孜孜钻研科学技术。但张衡并不是只知道读书的书呆子，他很有政治理想和抱负。张衡在河间王刘政手下任职时，一上任就严整法纪，打击豪强，使社会秩序井然，呈现出一派和谐景象。可见张衡极具政治才能。

1970年、1977年，国际天文学联合会分别命名月球上的一座环形山为“张衡山”，太阳系中一颗编号为1802的小行星为“张衡星”。张衡是科学和文学的双子星。郭沫若先生曾赞张衡：“如此全面发展之人物，在世界史中亦所罕见。”

王昭君：各弹心曲论古今

一论胡汉起烟尘，世人纷纷说昭君。
香埋北漠留青冢，艳绝中原妒绛裙。
怒詈画师失意久，婉讽皇帝怨恨深。
骚客借得琵琶语，各弹心曲论古今。

中国人对“四”这个数字很崇拜，凡事都喜欢凑成“四大”，譬如四大发明，张衡的候风地动仪是多好的发明，就不能弄成“五大发明”吗？譬如四大名著，《金瓶梅》是多好的小说，就不能弄成“五大名著”吗？还有四大美女，西施、赵飞燕、王昭君、杨玉环，就不能把褒姒、貂蝉加进去，变成“六大美女”吗？这四位女子之所以上了美女排行榜，我认为未必是她们长得最漂亮，而是她们的丈夫都不是平常人。

王昭君出生在长江三峡旁一个叫秭归的地方，她本是民间的一个靓女，“一朝选在君王侧”，本以为是进了天堂，谁知大门关上之后，才发现入了地狱。怎么办呢？漂亮的王昭君难道就像一朵美丽的花蔫死在无人欣赏的寂寞中了吗？这时，正好匈奴首领请求和亲，昭君就自告奋勇，嫁给这个五十多岁的男人。昭君为何主动出塞？历史上并没有留下可靠的资料。现在流行的一种说法是汉元帝召幸宫女，只看画师所画的宫女像，而王昭君不愿意贿赂宫廷画师毛延寿，结果被画得很丑，进宫五年连皇帝的影子也瞄不见。为摆脱困境，她主动请求出塞和亲。另有一说，王昭君虽出身贫寒，却忧国忧民，深明大义。她主动出塞，用一己之身换取大汉和平。

比较这两种说法，我宁愿相信前一说法而不赞成后一高论。我觉得昭君出塞，与其说是勇气，不如说是赌气，颇有点“此处不留娘，自有留娘处”的气概。

昭君出塞毕竟不是“昭君出差”，对昭君而言，出塞不知是不是一个悲剧？远嫁塞外，她便与天真无邪的少女时代彻底画上了句号，虽然地位尊贵、吃穿不愁，但语言不通、风俗迥异、水土不服，还是令人难过。在单于死后，昭君又顺从胡俗，嫁给其长子，想想更是令人感到凄凉。还是杜甫善解其意，写道："千载琵琶作胡语，分明怨恨曲中论。""怨恨"二字点出了昭君内心的悲苦。在汉匈的这笔政治交易中，昭君是个被侮辱被损害的姑娘，她无法叶落归根，只能"独留青冢向黄昏"。每每忆起"昭君出塞"这个凄美的故事，我总想起王洛宾那首委婉悠扬的歌："在那遥远的地方，有位好姑娘……"

曹操：横槊赋诗傲群雄

乱世奸贼治世臣，谁令阿瞒背恶名。
煮酒论剑唱短歌，横槊赋诗傲群雄。
笑看乌巢青烟散，恨遗赤壁红焰腾。
一经罗公画白脸，犹似铁板铸钢钉。

中国历史上有一个最混乱又最光彩的时代，这就是三国时代。乱世产生了中国古代戏剧近十分之一的故事材料，所以"白脸的曹操，红脸的关公，黑脸的张飞，黄脸的典韦"成了老百姓最熟悉的脸谱。曹操在历史上是卓越的军事家，天才的文学家，杰出的政治家。就是这样一位伟大的人物，却被后人抹了一个“白脸”——“白脸”意味着狡诈、歹毒、阴险、多疑等。历史似乎给了曹操一个定评：治世之能臣，乱世之奸雄。“奸”和“雄”的词义完全相反，易中天说“奸雄”带有流氓无赖的气质，指的是本性上并不正义的那类英雄。不过，我宁可相信胡林翼为左宗棠辩护的话：“名满天下，谤亦随之。”说到底还是那些说书唱戏的人非要把历史人物编排成大红或大黑、大善或大奸之人。这虽然符合老百姓的审美习惯，但却把曹操坑了一千多年啊！

正史《三国志·武帝纪》说：“太祖少机警，有权数，而任侠放荡，不治行业，故世人未之奇也。”这个评价有褒有贬，说曹操从小就很机灵，这肯定是夸赞；但从小就“有权数”就不一定是好话了。说他能见义勇为，肯定是夸赞；但又说他不安心天天扛着锄头去刨地，就不一定是好话了。这个评价是中肯的。但也有人早早就看出曹操是具有雄才大略的人物，南阳名士何颙就评论说：“汉朝将要灭亡了，将来能安定天下的，一定是这个人啊！”曹操曾假扮站殿侍从，但仍藏不住英雄气概；刘禅就是披上龙袍，也“望之不似人君”。曹操在22岁时以“孝廉”的名义做了政府公务员，迎来人生中的转型期。

曹操的理想是要在乱世中建立一个有规则有秩序的社会。他一直激情澎湃，燃烧着英雄梦。曹操确实是“乱世之奸雄”。在董卓权倾朝野、人人自危之时，曹操就敢带着七星刀只身去刺杀董卓；他敢率孤军与董卓大战，敢以一比十的劣势与袁绍决战官渡。曹操敢冒险，敢用生命去冒险。但曹操确实也是“治世之能臣”，他独具慧眼，将到处流浪的汉献帝接到许昌，取得了政治上的优势。他招募流民，实行屯田制，取得了经济上的优势。他破除门第、唯才是举，帐下谋士如云、猛将如雨，取得了人才方面的优势。陈寿称赞他是“非常之人，超世之杰”。曹操爱才如命，但也杀人如麻。他杀吕伯奢、杀王垕，还明言：“宁可我负天下人，不教天下人负我。”背上残忍的骂名；他杀孔融、杀杨修，留下妒才的恶名。毛宗岗点评三国“三绝”，给曹操一个“奸绝”的定评。

但曹操是一个有气质的流氓，有文化的奸雄。他让已经衰落的四言诗回光返照，大放异彩。毛泽东就很喜欢曹操的诗，他认为曹操的诗气魄雄伟、慷慨悲凉。他认为曹操是真男子，曹诗是大手笔。对于曹操其人，我赞成鲁迅的评价：“曹操至少是一个英雄。”

诸葛亮：呕心不负三顾义

高枕南阳卧龙岗，已将乾坤袖里藏。
神算赤壁笑曹魏，魂伤白帝叹关张。
呕心不负三顾义，尽瘁难挽蜀汉亡。
隆中茅庐今犹在，已绝他日梁父唱。

小时候猜过一则谜语："南阳诸葛亮，稳坐中军帐。排起八卦阵，单捉飞来将。"谜底是蜘蛛，但谜面出得很有意思，把诸葛亮比作蜘蛛。蜘蛛是金庸笔下"五毒教"尊奉的"五圣"之一。"五圣"是青蛇、蜈蚣、蝎子、蜘蛛、蟾蜍。在五毒中，蜘蛛算是具有绅士风度的，它总是在暗处布下陷阱——貌似没有诱饵的大网，成功地将来者置于死地。刘再复说《三国演义》把伪装术推向巅峰，有"伪装三绝"：一是刘备在与曹操"煮酒论英雄"时装傻；二是诸葛亮在周瑜死亡吊唁会上装哭；三是司马懿在曹爽权力下装病。三者都装得无懈可击。仅从这一点而言，诸葛亮和蜘蛛倒是有点儿类似。只是蜘蛛的样子太丑陋了，而史书上记载的诸葛亮的相貌是"身长八尺，容貌甚伟，时人异焉"。易中天据此描述诸葛亮"身高1.84米，相貌堂堂，是个帅哥"。

当时天下大乱，诸侯纷争，这正是诸葛亮出山的好时机。荆州的徐庶、司马徽向刘备推荐了诸葛亮，刘备也急于获得高人的帮助，于是"三顾茅庐"的佳话诞生了。诸葛亮这位胸怀韬略、奇才冠世的年轻人，虽身居卧龙岗，但心怀全天下，在草庐中向刘备阐述了自己的创业大计，这就是闻名千古的"隆中对"。这是历史上最精彩的对策。诸葛亮在三国的政治舞台上刚一亮相，几乎整个历史就都围绕他展开了。孙刘联盟、火烧赤壁、占领荆州、挺进四川、西和诸戎、南抚夷越——就这样，三分天下已成定局，"隆中对"的宏图已成事实。这是诸葛亮大半生的事迹。一旦"天下有变"，便可实现"隆中对"的后半部分计划了。

然而，关羽大意失荆州使诸葛亮功败垂成；刘备夷陵一战又使蜀国元气大伤。历史就是这样令人遗憾。刘备把诸葛亮推向了事业的顶峰，又和他的部下毁了诸葛亮的事业。之后，诸葛亮的进取成了无望的奋斗。尽管六出祁山，他却清楚地知道这是一场打不赢的战争。他明知成功渺茫，却敢于承担。“不伐贼，王业亦亡；惟坐待亡，孰与伐之”“鞠躬尽瘁，死而后已”——这是他唯一的选择。诸葛亮27岁“受任于败军之际，奉命于危难之间”，54岁病逝于五丈原。蜀国事无巨细，他都亲自处理，征战不息，日理万机，是一个典型的“工作狂”，最终殚精竭虑，过劳而逝——真是“出师未捷身先死，长使英雄泪满襟”！

“马中赤兔，人中卧龙”——这样的赞誉对诸葛亮来说一点也不过分。他身居高位、大权独揽，但鞠躬尽瘁、清廉公正，成为中国历史上智慧、清廉、公正的象征。诸葛亮死后的归葬地不起坟墓，遍植松柏，后人不知其墓在何处。三国钟会率军进攻蜀国，路经武侯庙时，亲自祭祀，下令军士不得在山上砍伐放牧。诸葛亮的聪明才智和“鞠躬尽瘁，死而后已”的精神永远值得敬重和赞颂！

李密：一封信函述悲魂

晋武诏催赴帝阍，一封信函述悲魂。
奉亲蓐上裹衣卧，侍慈榻边尝药温。
噙泪寒乌鸣声哀，泣血孤臣心意沉。
再读陈情三堕泪，千秋百代一贤孙。

历史上有两个叫李密的名人。一个李密是隋末农民起义瓦岗军的首领，另一个是写作《陈情表》的李密。写作《陈情表》的李密，字令伯，是四川人。李密的《陈情表》本来是被皇帝逼急了而匆忙写就的一篇"关于家庭困难请求缓聘的辞职报告"，居然成了流传千古的美文，歪打正着，可谓一篇成名天下闻。南宋文学家赵与时在其著作《宾退录》中感慨："读诸葛孔明《出师表》而不堕泪者，其人必不忠，读李令伯《陈情表》而不堕泪者，其人必不孝，读韩退之《祭十二郎文》而不堕泪者，其人必不友。"这三篇文章成了中国历史上最动人的抒情佳篇而流传后世。

海明威说过：不幸的童年是人生最宝贵的财富，它或许会造就作家。无独有偶，最近爱尔兰著名作家科尔姆·托宾也语出惊人："不幸的童年更能造就一位出色的作家！"李密就是

“童年不幸论”的明证。他出生六个月父亲离世，4岁时母亲改嫁，他恋母情深，思念成疾，祖母刘氏亲自抚养他。他也因为孝顺和恭敬而闻名。这个世上最疼爱他的祖母一有病，他就哭泣难食，整日侍候在祖母身旁，夜里睡觉都不脱去衣服。为祖母端饭菜、端汤药，饭菜汤药他总要尝过之后才让祖母食用。是典型的孝子贤孙啊！所以，李密曾被地方官员推荐为“孝廉”和“秀才”，但他因侍奉祖母而坚决推辞，不去应召。

李密曾在蜀汉做过郎官，司马昭灭蜀后，他沦为亡国之臣。晋武帝司马炎是司马昭的儿子，靠野蛮杀戮废魏称帝。建国初年，为稳定大局，笼络人心，对蜀汉士族采取怀柔政策，委任李密做太子洗马，而且不去不行，催逼很急，于是李密写下了《陈情表》这篇辞意恳切、声泪俱下的表文，连晋武帝看了以后也感叹地说：“士子有名，不虚焉哉。”说李密享有孝名，的确不是空话呀！为了嘉奖李密的孝心，晋武帝赐给他两个奴婢侍奉其祖母。后来祖母去世，李密服完丧，又以洗马的身份被征召到洛阳。之后，还做了几年汉中太守。某次晋武帝在东堂赏赐酒席，让李密作诗时，他在诗中表达了自己因为晋升不如意而产生的不满情绪，武帝对此很生气。武帝一生气，后果很严重。识相的都官从事马上奏请罢免李密的官职。李密最终老死家中。

《陈情表》不但表现了至诚至真的祖孙情，而且字字珠玑，句句锦绣。作家寒哲说过：“早先的作家写一封信所付出的努力，比我们今天写一本书所付出的努力还要大，所以，他们的信比我们的书更接近文学。”这话说得很实在。像《陈情表》，即“关于家庭困难请求缓聘的辞职报告”，像《出师表》，即“关于出兵远征北伐的请示报告”，是一份国家机关的文件，都写得文采斐然，真正令我们后人汗颜。有时候，我们用与李密、诸葛亮一样的文字写出来的文章却如同注水猪肉，水分太多，味道不纯，属于劣质产品！

王羲之：矫若惊龙飘如云

矫若惊龙飘如云，魏晋气度名士风。
东床袒腹娶妇美，山阴挥毫归鹅笼。
兰亭书序忘物我，胜地流觞悲死生。
而今空留墨池水，笑阅后辈蝌蚪文。

唐代诗人刘禹锡有一首诗叫《乌衣巷》：“朱雀桥边野草花，乌衣巷口夕阳斜。旧时王谢堂前燕，飞入寻常百姓家。”其中的“王谢”是指当时的名门望族王家和谢家。王羲之就出身于王家，所以，王羲之当官是必然的。古书说王羲之当过右将军，这个官职到底有多大，我至今搞不清，但后人习惯称之为“王右军”。但后来王羲之却称病辞官，并在父母的墓前发誓不再出仕，流连于青山绿水之间，并毫无牵挂地说：“我卒当以乐死。”他这种性情很难适应中国官场。他认为袒腹舒服，他就撩起上衣露出肚皮，在官场上能这样随便吗？他喜欢鹅，“山阴有一道士，养好鹅，羲之往观焉，意甚悦，固求市之。道士云：‘为写道德经，当举群相赠耳。’羲之欣然写毕，笼鹅而归，甚以为乐”。他是地地道道的文人胚子，这使他最终成为开宗立派的大师级人物，而不是一个被奴化的官僚。这不但是王羲之的大幸，也是中国艺术的大幸。

我们知道王羲之是一个书法家，被后人誉为“书圣”。东晋以来，文人们喜欢把每个字都写得特别沉重，方方正正，庄重肃穆。王羲之创一代新风，下笔轻重分明，笔迹轻盈飘逸。字形由方块字调整为修长的姿态，一幅作品不是字字独立，而是行云流水，绵延连贯。他的名篇《兰亭集序》不仅是文学佳作，也是书法精品。全帖28行，325个字，一气呵成。用笔、结体、章法、韵致，尽善尽美，元代著名书法家鲜于枢评之为“天下第一行书”。错综变化也是这幅名作的一大特征。全帖有20个“之”字，竟然没有一处笔法和结构雷同。连宋代书法家米芾都有“之字最多无一似”的感叹。王羲之非常珍惜这幅作品，据说翌日酒醒之后，他将《兰亭集序》反复审视多遍，感到特别精彩，十分得意，乘兴又照样子写了好几幅，却总无法与之媲美。这也说明一幅优秀的艺术作品，是凭当时的环境、灵感、情趣、功力等创作出来的，不是简单重复的产品，是可遇而不可求的。

流传到今天的《兰亭集序》有多种摹本和刻本。其中以冯承素的“神龙本”（因帖上有“神龙”半印得名）最精。该本现收藏于故宫博物院。《兰亭集序》在唐初流入宫廷。据说唐太宗为了取得《兰亭集序》，专门派遣大臣萧翼与王羲之的后代辩才和尚结交，以摹本骗取真迹。唐太宗去世时，遗命以《兰亭集序》陪葬昭陵。昭陵在五代时遭到洗劫，因此《兰亭集序》已无原迹传世。

王羲之是中国书法史上一面猎猎飘扬的大旗，可惜如今斗转星移，这面大旗好像不似昔日那般令人向往了。在我们这个时代，可以产生大金融家、大企业家，但已经没有产生大书法家的气候和土壤了。“字如其人”，看看现代人写的歪七扭八的方块字，我们失去了多少高雅的艺术情操和审美感悟啊！想来令人惆怅不已，感慨不已。

阮籍：穷途哭路醉醴醪

侍君偏逢司马昭，恰如赤足走钢刀。
待客常翻青白眼，蔑俗多受士民嘲。
竹林泼墨伤咏怀，穷途哭路醉醴醪。
一登广武惊千古，叹他竖子成英豪。

我是在上世纪八十年代阅读一本叫《放达不羁的士族》的

小册子时初识阮籍的。这本书介绍了许多魏晋名士的奇闻逸事，但我最感兴趣的是阮籍，理由说来好笑。书上说阮籍“善啸”，“啸”其实就是吹口哨，用口哨吹奏曲调，这恰恰是我当年的最爱，故生同感。那年我住在单身宿舍，或许就是从那时起，我开始喜欢上了阮籍的气度和风骨。那时，总觉得三国魏晋离我非常遥远，而阮籍却距我非常贴近，是那种近到一吹口哨就想起来的少年同学。

阮籍的父亲阮瑀是曹操的秘书，极富才华，当时就有“阮瑀军书王粲诗”的说法。阮瑀基因好，在他之后，阮门名士辈出，风光无限，走出了一个又一个的文化精英。他的儿子阮籍位列“竹林七贤”之首，孙子阮咸发明了琵琶，曾孙阮孚留下了“阮囊羞涩”的佳话。前人认为能称得上真风流的是“魏晋人物晚唐诗”。阮籍是魏晋名士中的超级名士。他才华横溢，擅诗、擅文、擅棋、擅琴、擅饮酒、擅服药、擅炼丹、擅谈玄……他的八十二首《咏怀诗》被一流的文学评论家刘勰高度赞扬，当代著名学者李泽厚也曾评论：“把受政治残酷迫害的痛楚哀伤曲折而强烈地抒发出来，大概从来没有人像阮籍写得这样深沉、美丽。”但不幸的是阮籍生逢乱世，他只能高傲而近似疯癫地活着。《晋书·阮籍传》说阮籍“时率意独驾，不由径路，车迹所穷，辄恸哭而反”。“穷途而哭”不正是阮籍人生的一个缩影吗？他每每心怀希望上路寻觅人生的意义，每每遭遇到穷途绝望而还，在心中该埋藏着怎样的悲凉啊！他登临广武山，观看楚、汉古战场，发出浩叹：“时无英雄，使竖子成名！”心中该有怎样的愤懑啊!

古人说:“小隐隐于山,中隐隐于市,大隐隐于朝。”阮籍是隐于朝的大隐士。在魏晋名士中有很多人都遭到杀戮,而阮籍却得善终。“时人多谓之痴”,他是痴人、酒鬼、狂徒。他嗜酒如命,酣饮、痛饮、狂饮,不拘场合,有酒必醉。如寡母去世,他正和人下棋,对弈者要求终止,他却执意下完,而下完棋后,他喝酒二斗,举声一号,吐血数升。邻家美妇人当垆沽酒,他去饮酒而醉卧其侧。他公开承认自己好色,说:“礼教岂为我辈而设!”在拿礼教当命根子和遮羞布的时代,有胆量说这句话的文人恐怕阮籍属第一。如此等等。醉卧官场君莫笑,在那个时代,阮籍放浪形骸,也许正是一种生存的智慧。阮籍深知“祸从口出”之真谛,他在生活中“发言玄远”,“口不臧否人物”。阮籍虽然从不出言评论别人,但不是说他对所有人都一视同仁,他有著名的“青白眼”,对不喜欢的人,他就朝人家翻白眼;而对同道之人,他才露出黑眼珠去看。因了他这近乎孩子气的动作,汉语词汇里多了两个词语,一个叫“白眼”,一个叫“青睐”。

嵇康:碧血青史万古寒

玉树临风嵇中散,高标拔尘器非凡。

栖迹竹林云出岫，锻铁柳荫自怡颜。
吟辞悲情寄尺素，抚琴游心托五弦。
临刑命寄广陵曲，碧血青史万古寒。

嵇康是个帅哥，在《世说新语·容止》中有山涛对他的评价："嵇叔夜之为人也，岩岩若孤松之独立；其醉也，傀俄（kuǐ é）若玉山之将崩。"就是说嵇康为人，如松似玉，既清高又温润，他站着使人尊敬，就是醉得东倒西歪也让人喜爱。嵇康和阮籍、山涛、刘伶、向秀、阮咸、王戎，名气和傲气不相上下。他们经常在京城的某处竹林中，饮酒嬉戏，史称"竹林七贤"。朝廷的耳目密布，这些"酒鬼"大多数都酒醉心明，平时交往中不会牵扯敏感话题。阮籍善借酒醉来避祸，绝不激扬文字，实在憋不住，就翻个白眼给你看。但嵇康却耐不住，时常借着酒劲发表一些惊世骇俗之论。比如山涛巴结权贵，想入朝做官。嵇康竟连夜写下《与山巨源绝交书》，痛斥其与奸佞同流合污，简直丢尽朋友的脸面。文章在京城内外不胫而走。在嵇康看来，朋友的资格不只是推杯换盏换来的，它更需要拿人格和操守来换。

嵇康有经天纬地之才，他是那个时代青年的导师和领袖，但不幸的是生逢乱世，他只能怀揣高傲却卑微地活着。他选择了卑微的工作——做一名铁匠。选择从事卑微工作的嵇康却选择了高傲的灵魂。他是名满天下的大名士，是名士就会有人慕名，就会有人追星。这时，身份高贵的高干子弟钟会来了，他是慕名而来的。然而在嵇康看来，身份高贵的钟会人格卑劣，如此小人非但不可交，还应让他知道卑微者身上的高傲之气。我们来想象一下他们见面时的情景。户外的阳光很灿烂，在嵇康屋前的大柳树下，身着白布褂子的嵇康，奋力地抡着大铁锤，猛力打铁，向秀做他的下手。锤声叮叮当当，火星四处飞溅。这时，衣冠鲜艳的钟会带领随从，兴冲冲地前来拜见久闻大名而从未谋面的嵇康。嵇康却佯装不知，自顾打铁，挥汗如雨。一炉火，冶炼着嵇康狂放的本色；一把锤，锻造了嵇康铁样的个性。如此本色，如此个性，铸就了一个卑微铁匠的高傲灵魂。

钟会站了片刻后，甚感无趣，他大怒掉头而走。他听到的是嵇康的英名，见到的却是嵇康的高傲。他来的时候充满仰慕，去的时候却埋下仇恨。悲剧开始酝酿了。这时的钟会便产生了杀机。这正是卑劣小人的特征。于是，钟会在司马昭面前说嵇康的种种谗言，终于，嵇康因为替吕安辩护这么一件小事被杀了。嵇康临刑前神色自然，索琴弹了一曲《广陵散》，曲终，慨然道：“广陵散于今绝矣！”是的，广陵曲已与嵇康俱绝于世，但嵇康挺起了中国文化的脊梁。

陶潜：归去不慕嗟来食

当年陶令挂乌纱，栖身林下望云霞。

东篱引觞抚松菊，西畴荷锄理桑麻。
耻折五斗泣刑天，喜入武陵醉桃花。
归去不慕嗟来食，五柳树旁是吾家。

中国文化有个怪现象，现实生活中的人们尤其是男人们总是迫不及待地、绞尽脑汁地要当官；可在文学作品里宣扬的却是不愿意做官甚至做了官后坚决辞官的隐士，如王羲之、陶渊明、李白等。这似乎造就中国人的一种人格分裂症。嘴上说的是一套，实际行动又是一套。尽管有人嗓门很高地说过“宁为宇宙清闲客，不做乾坤窃禄人”的话，可事实却是：“相逢皆道休官好，林下何曾见一人?”当时与陶渊明一起隐居的还有周续之、刘遗民，三人并称“浔阳三隐”。周续之后来又出山了，刘遗民也与官府往来不断，而隐得最彻底最坚决的就是陶渊明。他断绝了与官宦的一切联系，彻底消除了重返仕途的念头。

陶渊明出身于一个官宦家庭，据说东晋开国元勋官至大司马的陶侃是他的曾祖，他的爷爷陶茂做过武昌太守，父亲陶逸做过安城太守。但他实在是一个不适合当官的人，因为他把当官看得很猥琐、很龌龊、很无聊：“我是没有饭吃，才去当官的。”他29岁出仕，41岁辞官归隐。在这期间，他三次出仕，历任江州祭酒、镇军参军、彭泽县令等基层干部，每次时间都很短。他希望如曾祖陶侃一样建功立业，但现实生活没有给他搭建起施展才干的平台，所以他只好三次归隐。归隐的起因是为妹妹奔丧或“不为五斗米折腰”的事儿，但我估摸这只是托词。我相信他辞官不是一时冲动要去发大财，也不是一时心血来潮要到美国定居颐养天年去。老陶肯定是觉得官场的水太臭了，他这样淳朴的人实在没法在这缸水里搅和，故而自己爬上了岸。

中国古代有那么多隐士，有那么多人当了官后又辞了官，为什么偏偏陶渊明的诗歌文章流传最广？当然，他的才华有目共睹，另外，就是他辞官归隐后真的很开心——他用他的才华把这种归隐后简朴的生活，甚至可以说有些贫困的生活，写得充满了快乐情趣。“暧暧远人村，依依墟里烟。狗吠深巷中，鸡鸣桑树颠”，多么朴素自然的农村景致啊！美丽的农村景色给他以安身之所，也给他的心灵以栖息之地，更为他的创作提供了灵感。尼采说：“朴实无华的风景是为大画家存在的，而奇特罕见的风景是为小画家存在的。”陶渊明写的都是农村朴实无华的景色，但在朴实无华的景色中我们见到了真性情。他的诗最能体现的就是对大自然的感激之情。他和一般隐士最大的不同还在于他是实实在在地到地里干活儿的。“晨兴理荒秽，带月荷锄归”，他的诗体现的是一种真情，而非一种思想。元代大诗人元好问评之曰：“一语天然万古新，豪华落尽见真淳。”大学者朱光潜评价说：“陶渊明在中国诗人中的地位很高，能和他相比的前面只有屈原，后面只有杜甫。屈原比他更沉郁，杜甫比他更阔大，但都没有陶渊明那样淳朴自然。”

第三编　咏大唐骚人才子

王勃：落霞孤鹜惊群贤

神童难解世味苦，檄鸡讵料仕途堵。
一至洪州心气豪，四顾宾主率操觚。
落霞孤鹜惊群贤，秋水长天折阎督。
人间未有升腾地，一留滕序归天府。

日前看央视马东主持的《文化访谈录》，采访新版《三国演义》曹操的扮演者陈建斌。马东问："姜文如果扮演曹操是什么样子？你和姜文有何区别？"陈建斌回答："姜文扮演曹操是姜文的样子。我和姜文的区别就是姜文是天才，我是人才。"马东又追问："天才和人才有什么区别？"陈建斌回答："人才就是费了很大的努力才能达到一定境界，而天才一挥手就上去了。"博尔特是天才，奥运会百米赛跑，在最后三十米时他的鞋带开了，他还扭头看表，又张开双臂，放慢速度准备庆祝了，后面的人都玩了命地追赶，但还是差了他好几步。王勃就是文学跑道上的博尔特。

王勃起跑特快，他天生聪颖，悟性过人，是个早熟的神童。《旧唐书》本传称他："六岁解属文，构思无滞，词情英迈。"他9岁时读儒学大师颜师古注的《汉书》，认为书中有许多错误，就写了一篇《汉书指瑕》来纠正它。王勃作诗前不喜欢冥思苦想，而是先磨墨，后饮酒，大醉之后用厚厚的被子捂着蒙头大睡，酒醒后直奔砚台，挥笔直书，一气呵成，诗成后一字不改。《新唐书》这样记载："属文，初不精思，先磨墨数升，则酣饮，引被覆面卧，及寤，援笔成篇，不易一字。"14岁时，王勃以神童而被举荐，在考核中名列前茅，被授予朝散郎的官职；16岁那年，沛王把他召去当沛府修撰，对他很是爱重；18岁那年，由于当时盛行斗鸡，各个王爷之间的斗鸡热闹非凡，王勃写了一篇搞笑的文章《檄英王鸡》，就是"声讨英王的鸡"，惹得皇上大怒，把他逐出王府。后来他又被启用为官，但因杀一个犯罪的官奴而险些丢了性命，连累他父亲也被贬官。

王勃27岁时去交趾探望父亲，路过洪州府。正赶上都督阎伯屿重修了滕王阁，九九重阳节，他在阁上宴集文人雅士，一为彰显自己的德政，二为推出自己的女婿。他让女婿预先写好并背诵一篇《滕王阁序》，准备一鸣惊人。宾客们知他意图，就假装谦虚地推却，王勃虽然聪明过人，但在人情世故方面却迟钝得很，居然不看领导脸色，提笔就写。阎都督十分恼火，拂袖而去，专留侍从官看王勃写了什么，报给他知。第一报说："豫章故郡，洪都新府。"阎公说："亦老生常谈。"第二报说："星分翼轸，地接衡庐。"阎公沉吟不语。待到报知"落霞与孤鹜齐飞，秋水共长天一色"时，阎公拍案长叹："这是真正的天才啊！这文章流传千古，不但为滕王阁增色，老夫我的名字也会传于后世。"宴会结束，他送给王勃五百匹缣作为报酬。宴会之后，王勃在去交趾的途中遇到风浪落海，有说当即被海浪卷走，有说救上来后“惊悸而死”。总之，王勃的生命在27岁时画上了句号。他短暂的生命像百米高速冲刺，达到最高潮时便戛然而止。超常的才华和超短的生命形成太大的反差，以至于千百年来人们始终为他惋惜、遗憾，并感叹不已。

孟浩然：何如泛舟做渔樵

代代稚子诵春晓，不解风雨暗夜飘。
襄阳卧看微云淡，鹿门静听松声遥。
红颜碧溪垂钓闲，斑鬓皇城仕宦劳。
自古才命两相妨，何如泛舟做渔樵。

有人说孟浩然的诗是纯天然的不加任何添加剂的诗篇。他的名篇《春晓》几乎每个中国儿童在牙牙学语时就都能背诵：“春眠不觉晓，处处闻啼鸟。夜来风雨声，花落知多少。”这首诗描写诗人睡了一个好觉，那鸟啼声、风雨声，正是老孟良好的催眠剂。老孟直观地感受到了大自然的音乐对心灵的抚慰作用。他一觉醒来，没有关心柴米油盐，没有追逐功名利禄，而是关心“花落知多少”。试想想，一个天天惦记着柴米油盐的人，一个牵挂着功名利禄的人，能够关心大自然花开花落这样微小的变化吗？这首诗堪称中国古代诗歌中最自然的诗篇之一。

孟浩然是一位超凡脱俗、清高孤傲的大隐士。40岁以前，他一直诗意地栖居在襄阳砚山附近的涧南园。连大诗人李白都羡慕地说：“吾爱孟夫子，风流天下闻。红颜弃轩冕，白首卧松云。”孟浩然钟情于山水田园，喜欢居住于空旷的林野中。他或垂钓山涧，或漫步绿茵，或长吟古卷，或舞剑自娱；偶尔也种一点菜蔬、培植一点花草竹木，但没有想着拿到集贸市场换点小钱，一旦心有所悟，他就把自己的经历写下来，当然也不准备发表去赚稿费。在白云飘浮的山上，没有俗人的打扰，没有官场的烦恼，这位孟夫子躬耕垂钓，饮酒取乐，兴致盎然。他特别崇拜陶渊明，认为田园是特别适合人类生存的环境，隐居是特别适合人类生活的方式，所以他的诗大多以描写隐逸和田园生活而著称，其清淡、自然的诗风在唐诗中独树一帜。他与王维齐名，与之被合称“王孟”。

或许是过腻了神仙般的日子，孟夫子在不惑之年居然动了思凡的念头，进京参加考试，与一批诗人赋诗作会。他以“微云淡河汉，疏雨滴梧桐”两句诗令满座倾倒，一时诗名远播。当时的丞相张九龄和王维等爱诗的京官都来和他交朋友。当然，孟浩然也相当自信。凭着满腹才华，再加上王维、张九龄等大诗人和高官的宣传推荐，孟浩然俨然已经是京城明星了，平步青云似乎指日可待。然而，考试的结果一公布，他居然落榜了！被众人捧到天上之后又突然重重地摔下来，孟浩然在懊丧之余想给皇帝上书，但又犹豫不决，不知向谁发泄满腹牢骚，于是挥笔写下了《岁暮归南山》，其中有“不才明主弃，多病故人疏”之句，唐玄宗知道后很生气：“卿不求仕，而朕未弃卿，奈何诬我？”不用说，一个可能得到皇帝直接提拔的进仕机会失掉了。

这一棒又把孟浩然打回归隐的世界里了。他畅游了江南的许多名胜，船泊浔阳、足登鹿门、隐入山林、远离尘嚣……孟夫子从隐居者渐渐变成一个修炼者。开元二十八年（740），王昌龄游襄阳。当时，孟浩然疾疹将愈，因为高兴，吃了新鲜鱼虾等食物，疾病复发，死于冶城南园，时年52岁。一代大隐从此彻底洗掉尘虑，脱离了凡尘。

岑参：沙乱昏日血铸诗

北漠茫茫万里尘，两番出塞挽雕弓。
伐鼓阴山青剑寒，拥旄瀚海烽火红。
沙乱昏日血铸诗，笳鸣长夜酒销魂。
借得梨花吟飞雪，不从俗世唱虚声。

岑参是一位喜欢写边塞生活的诗人，也是一名爱国的热血青年，而盛唐恰是一个青春焕发的时代，也是一个风雷激荡的时代，为岑参梦想成真提供了舞台。“岂学书生辈，窗间老一经”“宁为百夫长，胜作一书生”……盛唐那些不甘皓首穷经的读书人，大都义无反顾地选择了大漠风沙、金戈铁马、刀光剑影的边塞生活。岑参从军前，曾写下这样的诗句：“终日不得意，出门何所之。从人觅颜色，自叹是男儿。”他感慨自己不能在塞外建功立业，唱出了“功名只向马上取，真是英雄大丈夫”的英雄壮歌。

岑参的曾祖父、伯祖父、伯父都官至宰相，父亲岑植也两任州刺史。但岑参幼年时，伯父岑羲因参与太平公主谋逆遭到诛杀，致使家道中落，加之父亲早逝，家境每况愈下。没有保护伞的孩子必须努力奔跑。他从小就跟随哥哥遍读经史，勤奋刻苦。他在20岁时到长安，“献书阙下”，以求仕途，结果是“金尽裘弊，蹇而无成”。于是，他奔走京洛，漫游河朔。29岁时他应举及第，担任了右内率府兵曹参军。但岑参这样的有志青年不愿意被埋没在案牍文书的琐碎事务中，也不愿意用文章换取功名。34岁时，岑参任安西四镇节度使高仙芝幕府书记并赴安西，三年后回长安。39岁时，他又成为安西庭节度使封常清的判官，再度出塞，三年后又回朝。就这样，岑参在边塞度过了六年艰苦的军旅生涯。

杜甫曾写诗赞誉说“岑参兄弟皆好奇”，岑参还是个充满好奇心的浪漫诗人。诗人的眼睛应该是孩童的眼睛，而边塞的开阔和异国风情正好给生性好奇的诗人打开了一扇新的窗子。那荒漠平沙、衰草枯木、孤城落日、狂风寒月等平常景物，一入诗人法眼，腐朽便化为神奇，成为不朽名句。譬如他写边塞的雪，“忽如一夜春风来，千树万树梨花开”，以春写冬，以妩媚的梨花写狂暴的风雪，严寒带上了春意，肃杀浸润了娇美，非心灵如孩童般澄澈天真，焉有此妙语？有人说品味这千古名句，用一个成语可以形容：妙手回春。如他写旅居之愁：“孤灯燃客梦，寒杵捣乡愁。”梦可以燃，燃烧的火焰大概也是幽幽的思念吧？乡愁可以捣，捣出的是否就是剪不断、理还乱的无限愁思呢？

《岑嘉州诗集序》描述岑参的诗：“每一篇绝笔，则人人传写，虽闾里士庶，戎夷蛮貊，莫不讽诵吟习焉。”也许，世事的纷繁和忙碌使人们离简单的美丽和快乐太远了，于是，人们从这位如孩童般天真好奇的诗人的诗句里，看到了平常事物里蕴含着的美。但一直保持着孩童心灵的岑参，自然也就少了官场的世故和城府，这致使他仕途不顺。岑参后来转嘉州刺史，任期满后被罢官，他想叶落归根，却客死成都旅舍，史称“岑嘉州”。一代诗人像一片落叶无声地飘落了。

王之涣：更上鹳雀楼一层

旗亭画壁斗诗名，凉州一唱惊裂云。
狂来弹剑歌出塞，醉后泼墨唱从军。
欲穷天涯九万里，更上鹳雀楼一层。

羌笛曾吹千百曲，仅留六首绝妙音。

“旗亭画壁”是唐代诗歌史上的一段佳话。一日天寒微雪，王之涣与好友王昌龄、高适来旗亭小饮，正好有十多个梨园伶官和四个著名歌伎也来此会宴，他们三人便在旁边一面烤火一面观看。王昌龄提议：“我们三人都有佳作传世，享有诗名，但难分高低，今天如果谁的诗被她们唱得多，谁就是最好的诗人。”第一个歌伎唱的是王昌龄的“一片冰心在玉壶”，王昌龄在壁上为自己画了一道。第二个歌伎唱的是高适的“开箧泪沾臆”，高适也为自己画了一道。随后又有一个歌伎唱的是王昌龄的“奉帚平明金殿开”，王昌龄喜滋滋地又添了一道。王之涣说：“这几位都是普通歌伎，你们看那位最漂亮的歌伎，如果她不唱我的诗，我就终生不与你们争高低优劣了。”一会儿，那位最漂亮的歌伎开口唱道：“黄河远上白云间，一片孤城万仞山。羌笛何须怨杨柳，春风不度玉门关。”果然是王之涣的诗，三人不觉开心地笑了起来。旗亭画壁遂成典故，元人还将之编成杂剧上演。

由这个故事又演绎出另一个故事。有个书法家给慈禧太后的扇子上题写此诗，一不留神漏掉一个“间”字，老佛爷大怒，书法家急中生智，连忙解释道：“老佛爷息怒，这是按王之涣的诗意填的一首词，即《凉州词》……”并当场断句，读给慈禧听：“黄河远上，白云一片，孤城万仞山。羌笛何须怨，杨柳春风，不度玉门关。”慈禧听了，转怒为喜，连声称妙。

像王之涣这样名声赫赫的大诗人，《旧唐书》和《新唐书》都没有为他作传，而《唐才子传》对他的生平也记载得很简略。好在二十世纪六十年代河北出土了一块石碑，是唐人靳能为王之涣所写的墓志铭。根据这个墓志铭，我们才知道王之涣出身于太原望族王家，他的五世祖王隆之是后魏绛州刺史，因此举家迁居绛州，是典型的“老西儿”。王之涣排行第四，自幼聪颖好学，还不到20岁便能精研文章，穷经典之奥。但不知什么原因，王之涣没有走科举之途，而是以“干部子弟”的身份调补冀州当衡水主簿。任衡水主簿时，衡水县令将三女儿许配给他。此时的王之涣35岁，已是有老婆孩子的人了，而李氏还是个18岁的妙龄女子。县令让自家千金嫁给手下已婚的小小县尉，耐人寻味。

王之涣才高气盛，不愿为衡水主簿的卑职而折腰，辞官而去，在家过了十五年闲散自由的生活。估计在这期间他也挥毫泼墨，写过不少诗篇，但不知什么原因，流传下来的甚少，今可见者只有六首，而就这六首诗，足以使王之涣的诗名流传至今。其实，即使只有《登鹳雀楼》一首，王之涣也可名传千古。鹳雀楼因王之涣此诗而与黄鹤楼、岳阳楼、滕王阁齐名，被誉为中国古代四大历史文化名楼。历史上的鹳雀楼早已毁于战火，二十世纪九十年代山西又重建鹳雀楼，但楼在人去，今天的人们站在新的鹳雀楼上，能否超越“欲穷千里目，更上一层楼”，再一次吟出流传千古的佳句呢？

王昌龄：诗家天子江湖漂

诗家天子江湖漂，鹃啼冷月魂暗销。
遥寄冰心思洛阳，还将玉壶醉龙标。
弹铗激呼飞将归，吹笛愁闻金闺号。
天纵诗才恶吏妒，圣手颈血染屠刀。

中国诗人的命运似乎总是跟“仕途坎坷”四个字联系在一起，很多诗人的人生历程就是一部贬谪史，王昌龄就是其中的一个。王昌龄曾写过“故园今在霸陵西”的诗句，后人据此推断他是陕西长安人。他在开元十五年（727）中进士，先授汜水尉，再迁江宁丞，时人称之为“王江宁”。但王昌龄仕途坎坷、命运多舛，他一生只做过科级干部，却两次遭贬。一次被贬到偏远的贵州去做龙标县尉，李白曾写下《闻王昌龄左迁龙标遥有此寄》一诗，表达关切之情。第二次，他被贬谪到了更为遥远的湖南山区，竟然清贫到自己捡枯枝烧饭的窘境。可见，在王昌龄的生活中，他在很多情形下都是很落魄的。他既去过荒僻的湘西、岭南，也远赴西北边地，甚至还去过碎叶城。他为何被一贬再贬，史书语焉不详，只有笼统的几个字：“不护细行”，也就是说不注意小节。

我揣摩王昌龄能和李白、孟浩然这些不拘世俗、特立独行的大诗人成为好朋友，也是个不擅长阿谀奉承的人吧。王昌龄的朋友很多，在他留下的二百多首诗中，仅送别诗就占了五十二首，近四分之一。后人读之，也能体会到盛唐文人之间肝胆相照、心心相印的“友情美”，甚至还能体会到那份侠气和豪气。但这样喜欢结交朋友的诗人却死得很惨。“安史之乱”爆发后，王昌龄流落到安徽，被刺史闾丘晓杀害。《唐才子传》载：王昌龄“以刀火之际归乡里，为刺史闾丘晓所忌而杀。后张镐按军河南，晓衍期，将戮之，辞以亲老，乞恕，镐曰：‘王昌龄之亲欲与谁养乎？’晓大渐沮”。也就是说王昌龄在兵荒马乱的时候要回老家去，结果刺史闾丘晓嫉妒他，将他置于死地。王昌龄死后不久，宰相张镐兼任河南军区司令，和叛军开战，闾丘晓拒绝出兵救援，张镐要按军法杀他。闾丘晓向张镐求饶，说家里有父母要照顾，请求活命。张镐一句话把他噎了回去：“王昌龄的双亲由谁来养老？”同情诗人的张镐终替王昌龄报了仇，这对九泉之下的王昌龄来说多少是个补偿。

王昌龄被时人称为“七绝圣手”“诗家天子”，他的七绝写得很棒。前面所讲的“旗亭画壁”的段子，虽然赞美的是王之涣，但第一个歌伎唱的是王昌龄的《芙蓉楼送辛渐》，第三个歌伎唱的仍然是王昌龄的《长信怨》，也说明王昌龄的诗确实很好，在当时就流传很广。后人曾争论在唐诗中哪一首七绝写得最棒可作“压卷之作”——明代著名诗人李沧溟、大文豪王世贞和清代大文豪王夫子，都认为王昌龄的《出塞》是“唐人七绝第一”，可为“唐人绝句压卷之作”。王昌龄的诗写得好，所以克隆其诗的人也不少，最著名的“克隆诗人”是当时的枣强县县尉张怀庆，有人根据他常常抄王昌龄、郭正一作品的行为，编了个顺口溜，嘲笑他“活剥王昌龄，生吞郭正一”。他也算是因王昌龄而贻笑千古了。

王维：拈花始悟明镜尘

自从一读摩诘经，洒扫心斋供净瓶。
空山踽步寻梵师，幽篁寂坐抚弦琴。
拈花始悟明镜尘，坐禅方觉菩提近。
行水穷处看云起，满天花雨不染尘。

才子佳人是中国人永不厌倦的话题，王维属于中国才子中的全能才子，诗画双绝，音乐奇才。他是大音乐家，唐人薛用弱《集异记》记载：“性娴音律，妙能琵琶。”王维的很多诗歌是可以入乐的，他的名作《送元二使安西》就成为当时人人传诵的乐章《阳关三叠》。王维在朝廷里担任的第一个官职就是大乐丞。王维也是一个大画家，擅长画山水，是南派水墨画法文人画的开山鼻祖。王维还是一个大书法家，兼长草书和隶书。王维更是唐代著名的大诗人，是开元和元宝年间的“一代文宗”。当时的达官贵人都很欢迎他，宴会的时候，常常让出尊位等待他的到来。宁王、薛王等人都把他当成老师看待。当时有“朝廷左相笔，天下右丞诗”的称誉。

像王维这样级别的才子——我们总觉得他会有些古怪行为，有点风流韵事，才合乎人们印象中风流倜傥、性格张扬的才子风采，但王维有才子之风采，却无才子之怪癖。他性情温和、沉静内敛，给人以温文尔雅的感觉。这得益于他的母亲。《旧唐书》说王维本来是太原祁县人，父亲王处廉曾任汾州司马，后来把家搬到了蒲州。史书明确记载王维的母亲出身于博陵崔氏，是大家闺秀，而且一生“褐衣蔬食，持戒安禅”。这对王维的影响很大，单看王维的名和字就知道他是典型的佛家弟子。佛学有部大乘经典叫《维摩诘经》，拆开就是王维的名和字。王维是六祖禅师慧能门下的大弟子神会大师的弟子，换句话说是慧能的再传弟子，他终生学禅，曾作《六祖能禅师碑铭》。王维是个大孝子，母亲去世后，他“柴毁骨立，殆不胜丧”。他的妻子去世很早，大约在王维三十来岁的时候，妻子便不幸亡故了，史称他“妻亡不再娶，三十年孤居一室，屏绝尘累”。王维对佛教的信仰是发自内心的，尤其是在经历了“安史之乱”的惨痛之后，晚年的王维更是苦行斋心，淡漠世事，过着亦官亦隐的生活。

明代大文豪王世贞认为盛唐诗人杜甫、李白、王维是三分鼎足，后人分别为三个人送出三个别号：诗圣、诗仙、诗佛。杜甫代表儒，李白代表道，王维代表佛。儒家讲入世，道家讲出世，佛家讲超世——超然于物外。人年轻时常常是入世者，随着岁月的打磨就成了出世者，到了老年则很容易变成超世者。王维“晚年惟好静，万事不关心”。苏轼在《东坡志林》中说：“味摩诘之诗，诗中有画；观摩诘之画，画中有诗。”他对王维的诗歌意境进行了中肯的总结。王维的诗作深受禅宗思想的影响，他开创了中国诗歌“以禅入诗”的新境界，其诗最爱用“静”“澹”“远”“闲”等一类字眼，还有“禅”“寂”“空”等佛家用语。中国的古典诗歌不缺少慷慨激昂、沉郁顿挫的感人力量，却常常缺少深邃玄妙的艺术情趣。所以中国文人多，哲人少，王维可以说是具有哲学思辨色彩的大诗人。

李白：绣口一吐半盛唐

七分豪气三分狂，绣口一吐半盛唐。
梦去东海钓鼋鳌，醉来长安卧船舱。
欲作帝师耻摧眉，终放夜郎空惆怅。
此日弄月骑鲸去，何年化鹤回故乡？

李白是天才诗人。他的诗写尽了一个不得意者最得意的浪漫情怀，是真正的诗。那些天马行空、旷达不羁、张扬个性的诗歌，为他成就了一座艺术的丰碑。可李白对诗并不看重，有道是“吟诗作赋北窗里，万言不值一杯水”。他热切期待的是“长风破浪会有时，直挂云帆济沧海”。

据说李白的母亲在生他的那天晚上，梦见长庚星入怀，所以给儿子起名叫“白”，字“太白”。李白4岁时随父亲迁居四川，接受初步教育。他很喜欢剑术、骑射。李白在42岁时经玉真公主和道士吴筠的推荐，被唐玄宗连下三道诏书征召到长安。他“仰天大笑出门去，我辈岂是蓬蒿人”，认为自己可以成为帝王之师，成就大业。当时的太子宾客贺知章一见李白就惊呼“此天上谪仙人也”，他诵读李白的《蜀道难》，“读未竟，称叹者数四”。唐玄宗见到李白时居然降辇步迎，御手调羹，这让李白名噪一时，成为盛唐时代身价百万、天王级的文化巨星。但这时的唐玄宗已经是一个贪图享乐的“太平天子”了，他只想让李白做一名歌功颂德的御用文人。李白本想做“齐天大圣”，没想到做了个“弼马温”，他对这个角色十分不满，便借酒装疯，拒不奉诏——“天子呼来不上船，自称臣是酒中仙”。这哪像国家公务员，简直就是职业品酒师啊。

但老百姓对李白傲岸的个性非常欣赏，所以民间有很多关于李白的传说。《侯鲭录》载：天宝年间，李白进谒宰相杨国忠，擎着书有“海上钓鳌客”的手版。宰相问：“先生临沧海，钓巨鳌，以何物为钩？何物为线？”李白曰：“以霓虹为线，新月为钩。以风浪逸其情，乾坤纵其志。”杨国忠又问：“以何物为诱饵？”李白曰：“以天下不义丈夫为饵！”宰相悚然。这些传说自然不可信，但深得李白神韵。他喝醉酒命高力士脱靴，调戏皇帝爱婿张垍，都是“安能摧眉折腰事权贵，使我不得开心颜”的真实写照。李白这种傲岸的人格必定难容于等级森严的朝廷。于是在天宝三年（744），李白主动辞职，唐玄宗顺水推舟，赐金放还。李白从一介布衣平步青云，直上九天；又从九天之上一个跟头栽到地上。

李白本来是病死在他的族叔当涂县令李阳冰的家里的，然而大约从晚唐起，民间就流传李白跳江捉月跨鲸归天的传说。人们在采石江边修建了李白的衣冠冢。明代的李东阳概括得最好：“人间未有升腾地，老去骑鲸却上天。”千百年来，李白的墓前题满了凭吊者留下的诗句。明朝进士梅之焕到李白墓前凭吊时，感触颇深，也题了一首诗：“采石江边一堆土，李白之名高千古。来来往往一首诗，鲁班门前弄大斧。”据说后来题诗的人就少了。李白的诗歌写得豪放飘逸，自古以来声名赫赫，在这儿就不浪费笔墨详述了。

杜甫：浩渺乾坤一沙鸥

浩渺乾坤一沙鸥，四海飘零何处宿。
秦风冷峭独悲吟，蜀雨凄迷无计留。
夔州魂泣长江水，岳阳神伤洞庭秋。
杜陵老病凭谁诉，寄意河山慰愤忧。

杜甫是文人中的文人，后人称之为“诗圣”，他是写律诗的超一流高手；《登高》是七律中的七律，后人赞誉为“七言律诗之冠”“古今七律第一”。杜甫，字子美，字面意思就是“您真帅！”“美哉，帅哉！”杜甫是河南人，是晋代名将杜预的第十三代孙，祖父是初唐的著名诗人杜审言，祖辈都是太守、刺史、县令，所以他出身于官僚家庭。杜甫一直在积极谋求一官半职，在唐肃宗时，得到了左拾遗的微职，后来定居成都，在严武的幕府做检校工部员外郎，因此，后人称杜甫为“杜拾遗”“杜工部”。据专家考证，所谓“工部员外郎”其实是一个虚职，没有实际权力。

杜甫的诗被称为“诗史”。杜甫最伟大的地方是他能将真实的生活和时代的面貌写进诗里。杜甫在诗里并不急于表现自己如何爱国、如何有道德、如何心忧天下，他只是实实在在地讲自己的日常人生、自己的家庭以及当时的社会环境——但就是这些诗，感动了无数的中国人。杜甫写“朱门酒肉臭，路有冻死骨”和“安得广厦千万间，大庇天下寒士俱欢颜”这种关注民生疾苦的诗；也描述日常生活的种种情趣，如“细雨鱼儿出，微风燕子斜”“老妻画纸为棋局，稚子敲针作钓钩”，一条鱼儿、一只燕子、妻子和儿子的一举一动，在他的眼中都充满了诗情画意，于是，他把自己真实的情感写入诗中。袁宏道说：“自从老杜得诗名，忧国忧民成儿戏。”——后人在文章里都急于表现自己的崇高伟大，但却没有一个人成为“圣人”，也许因为他们缺少的是一份真情实感吧。

后人把杜甫称之为“诗圣”，其实杜甫当年穷愁潦倒，整天东奔西跑，居无定所，是一个扔进人堆里都认不出来的平常人。他的家人、邻居、上司，估摸没人看出他有什么特别的才能，不就是会写几句诗嘛，用杜甫的话说就是“为人性僻耽佳句”，在旁人看来，老杜孤僻讷言，整日枯坐琢磨诗句，还换不来养家糊口的银子。在唐代，诗人遍地，连贩夫走卒、和尚道士都能写几句诗，所以杜甫并不令人瞩目，但是后来人们终于发现了杜甫的伟大。钱穆先生作过一个比喻：好像看树林，一眼看去都是树林，只有跑到远处，才看见树林中那一棵高的来。这棵高的树，靠近树林看，看不见，远看才能看得出。古人说：“春女善怀，秋士易悲。”杜甫的诗沉郁顿挫，对人生、对时代、对生命有着无比深邃的感悟。

白居易：梦语醉吟逍遥翁

少以诗文动帝京，揽辔慨然扫寰尘。
笔诤东宫讽上官，堤建西湖悯下层。
月近扁舟琵琶泪，云笼秋江长恨生。
晚归香山乐天命，梦语醉吟逍遥翁。

白居易，字乐天，祖籍山西太原，他的爷爷做河南巩义县的县令时，见那里的环境不错，就举家搬迁过去，好在唐朝也没有户籍限制，所以说白居易是河南人也不为错。白居易是超常儿童，据说他还不会说话的时候就认识“之”“无”两个字，3岁就读书识字，5岁就学习写诗，9岁能够辨别声韵，对文字有一种天生的敏感。当年，16岁的白居易从河南来到京都长安，带着自己的诗稿去拜会名士顾况。顾况看到诗稿上“白居易”三个字，就开玩笑说：“长安米贵，居住不容易啊。”若是现在，就是北京房贵，居住不易啊！可是等他翻看诗稿，读到“野火烧不尽，春风吹又生”的句子时，不由得连声叫好：“像这样的文采，住在长安又有什么难的！”顾况是有眼有珠能识才的人物。

白居易在中国古代诗坛是以写那种村妇农夫、引车卖浆者都能读懂的通俗诗歌而著称的。可以说，他写的诗就像今日那些通俗歌手唱的流行歌曲一样，但这并不是说通俗诗歌容易写，其实白居易作诗常常是“狂醉又引诗魔发，日午悲吟到日西”，所以世人送他“诗魔”之称。白居易不像杜甫等诗人那样死后才受人推崇，他在世时便诗名显赫，受到举国上下甚至国外民众的崇拜。在他颇具盛名的年代，各地寺庙、道观等处的墙上都能看到他的诗。他的铁杆粉丝上至王公大臣，下至野老牧童，甚至包括不识字的老太太。当时有人传抄他的诗拿去卖钱或者换酒、换茶，甚至歌手只要能够唱诵《长恨歌》就可以抬高身价。更有甚者，外国的宰相也托前往大唐的商人以百金一篇的奇价购买白居易的诗作。他最著名的长篇叙事诗《琵琶行》和《长恨歌》更是被广为传唱，就连唐宣宗都写下了“童子解吟长恨曲，胡儿能唱琵琶语”的诗句。

白居易年轻时官至左拾遗，他书生意气，锋芒毕露，老是把诗歌当成奏章来写，写了不少讽喻诗，当然这和他“文章合为时而著，歌诗合为事而作”的主张有关，自然得罪了不少权贵。尤其在元和十年（815）宰相武元衡遇刺身亡时，白居易当天就上奏章主张捕贼雪耻。但是朝廷却以他是东宫官，不该在台谏官之先言事，把他贬为江州司马。这是白居易一生的转折点，他前期是兼济天下，后期是独善其身。回京后，白居易洞悉了官场的“潜规则”，晚年已经不打算做一个力挽狂澜的“真的猛士”了。他不是一个怯懦的人，只是看到个人的牺牲好比往一潭死水里投进一粒石子，顶多激起几圈涟漪，所以有些心灰意冷。后来，白居易甘心做一个“庸人”，官至刑部尚书。白居易的晚年生活很幸福，他还特别给自己取了一个“香山居士”的号，成了一个不进庙门的修行人。

韩愈：雄文振起八代衰

弱冠壮气起胸中，却谏佛骨遭险凶。

雄文振起八代衰，师道力倡九州重。

焚膏继晷承儒脉，授业解惑兴学宫。

杜诗韩文光焰长，辉耀东方满天红。

韩愈是大唐河内河阳人，也就是今天的河南孟州人，但他一直声称自己的祖先世居河北昌黎，因此自称“昌黎韩愈”，后人称他为“韩昌黎”。尽管攀上了名门望族，但韩愈进入官场前并不顺，他从19岁时开始参加进士考试，在《赠徐州族侄》中说：“我年十八九，壮气起胸中……”结果考了三次，败了三次，到了第四次才考上，这时，他已经25岁了。但进士还只是一个干部身份，要戴乌纱帽，吏部那里还有一道门槛。韩进士又接连三次参加吏部博学鸿词科的考试，屡考屡败。考不上就找关系，于是他给宰相写信，连写三封，杳无音信。写信不行，咱就登门。登门三次，次次吃闭门羹。此路不通，还是继续考试吧。顶着个光杆进士的身份，他一直考到32岁才通过吏部的选拔考试，正式进入职场。韩愈在34岁时被任命为国子监四门博士，成为大唐帝国高等院校的老师，搞理论工作兼讲课。这期间，他到地方上工作过，可在四十多岁时，还是被调回学校教书。一眨眼，韩老师45岁了。这时的韩愈头发已经白了，牙齿一颗一颗地掉落。

我们今天称韩老师是教育家，其实在大唐他就是个教书匠，但他十分狂放，认为周公传道给孔子，孔子传道给孟子，孟子死后一千年没有传人，现在天意传给我，只有我能继承孔孟之道。韩愈以圣贤自居，招收学生。这份狂劲触怒了当时的社会舆论，时人都认为他是狂人，发帖子嘲讽他、骂他的人很多。其实韩愈所说的“圣贤”，大约就像今天所说的精神导师一样，而精神导师并不是每一个时代都可以产生的。后来韩愈稳坐“唐宋八大家”的第一把交椅，原因是他曾经领导过一场文章革命，专家称之为“古文运动”。“古文运动”扫除了骈文重形式求华丽的文风，提倡秦汉散文平实的文风。宋代苏轼称韩愈“文起八代之衰”为他喝彩；杜牧把韩文与杜诗并列，称之为“杜诗韩笔”。韩愈有“文章巨公”和“百代文宗”之名。

一直到50岁时，韩愈才因为参与平定淮西吴元济之役表现出的处理军国大事之才能，被任命为吏部侍郎，进入朝廷核心集团。但两年后，他却因上表谏迎佛骨而触怒宪宗，险些被处死，幸得裴度等大臣挽救，才免于一死，被贬为潮州刺史。后来新皇帝把韩愈召回朝廷，之后，韩愈历任国子监祭酒、兵部侍郎、吏部侍郎、京兆尹等职，57岁时病逝于长安。据说八仙之一的韩湘子是韩愈的侄子，生性放荡不羁。他不喜欢步叔叔学儒之后尘，居然混得比叔叔还逍遥，最后学道学成神仙了，也是有趣。

柳宗元：长留蓑笠独钓影

曾随叔文欲鼎故，一逆龙鳞贬永州。

石潭记清彻骨寒，愚溪寄傲满腹幽。
疾首苛赋悯捕蛇，蹙额烦政托养树。
长留蓑笠独钓影，江天苍茫冰雪厚。

后人常常把文学成就相当的同时代的文人放在一起并称，如“李杜”“苏辛”等。韩愈和柳宗元也被并称为“韩柳”，两个人都是“古文运动”的倡导者，但文风大不一样。韩愈有点好为人师的样子，文章总是在讲道理，《原道》《原毁》《进学解》等文章读来都给人一种咄咄逼人的感觉。柳宗元亲切、自然，文章写得很有情趣，如《种树郭橐驼传》《黔之驴》《捕蛇者说》《童区寄传》等，《小石潭记》等山水小品写得更是轻灵。有人评价韩愈有极浓的儒家气息，而柳宗元更多的是一种道家的韵味。

柳宗元是山西河东人，也就是今天的山西永济人，世称“柳河东”。柳、薛、裴是当时的“河东三著姓”，柳家与李氏皇族关系密切，但到了柳宗元出生时，家族已衰落，柳宗元的父亲虽然一直做官，但只是科级干部。他的母亲卢氏是大家闺秀，聪明贤淑，文化素养很好。柳宗元自小爱读书，4岁就在母亲的指导下熟读了十几篇深奥的古代辞赋，10岁便能写出一手好文章。21岁考取进士，26岁登博学鸿词科，授集贤殿书院正字，曾和韩愈是同事，一度担任蓝田县尉，仕途看起来很光明的样子。然而在顺宗时期，锐意进取的柳宗元和刘禹锡等一同参加了太子的老师王叔文、王伾领导的主张革新的政治集团，并成为这场革新的核心人物，他们被称为“二王刘柳”。结果“永贞革新”失败，柳宗元被贬为永州司马，后来回京不久，再次被贬为柳州刺史。但他留下了很多政绩，如他在柳州沿岸种了很多树，当地有“柳州柳刺史，种树柳江边”的说法，时人送他一绰号“柳痴”。最后，柳宗元病逝于柳州任所。

宋代的魏庆之曾说：“人生作诗不必多，只要远传。如柳子厚，能几首诗，万世不能磨灭。”柳宗元最精彩的诗歌是《江雪》，诗人用“千山鸟飞绝，万径人踪灭”的诗句写出了人世间的寂寥、死灭，这意境与《红楼梦》中描写的“好一似食尽鸟投林，落了片白茫茫大地真干净”很相似。唐诗宋词中有各式各样的“渔翁”，他们大多数因遭遇挫折而看透世事，从而希望过一种“侣鱼虾而友麋鹿”般与世隔绝的生活。柳宗元曾以“渔翁”为题写过一首小诗，诗中描写了一个在青山绿水之处自遣自歌、独往独来的“渔翁”形象，借以透露作者寄情山水的思想和寄寓政治却又失意的孤愤。但在人们的心目中，柳宗元品性高洁，更像《江雪》中那个寒江独钓的渔翁一样，这是荒原上的一点春意，是冷峻里的一丝温暖。在漫天大雪的寂静世界里，我们看到了不为尘扰、“独钓寒江雪”的伟大形象，体会到超然物外、“孤舟蓑笠翁”的清傲人格，让后世知音产生和柳宗元一起去钓鱼的向往。

刘禹锡：诗坛豪客傲骨铮

书生难知宦海深，诗坛豪客傲骨铮。
拼却华年弃岭南，不将壮怀付飘萍。
秋风芦荻西塞山，碧月寒水石头城。
白发刘郎今又来，笑看玄都种桃人。

中国古代诗人爱戴高帽子，当然也包括送高帽子，送者一般而言也是诗人。一顶高帽子，甚至可以作为代号变成名字。仅在唐代诗人中，高帽子就有很多。其中最有名的是：“诗骨”陈子昂、“诗佛”王维、“诗仙”李白、“诗圣”杜甫、“诗囚”贾岛、“诗魔”白居易、“诗鬼”李贺……“诗”字前面所冠之字，有的很高雅有的很难听，不管当事人在世与否，或者高兴与否，都不要紧，天长日久，遂固定下来成了共识。刘禹锡的高帽子叫“诗豪”，他和白居易是诗友，他们在洛阳时经常搞点“诗歌沙龙”之类的活动，所以白居易一高兴就送了老刘一顶帽子。

大凡介绍刘禹锡的书籍文章，都说刘禹锡，字梦得，但关于刘禹锡的出身说法就复杂了。我们还是听听当事人怎么说吧。刘禹锡自称是中山靖王之后，这很容易让人联想到三国时的刘备，也是自称中山靖王之后，这两个人显然都有攀高枝的嫌疑。因为史载中山靖王刘胜“为人乐酒好内，有子百二十余人”，如果正好姓刘，自称中山靖王之后就不怕别人查家谱了，汉唐相隔有一千多年，谁能弄清刘胜的一百二十多个儿子，子又生孙，孙又生子，生出多少后代？刘禹锡本人生于江南，长于江南，19岁左右才游学长安。我们都知道刘禹锡是著名诗人，但不少介绍还要再给他戴上文学家、哲学家、政治家的帽子，最有意思的一顶帽子是“医学家”，说他收集整理了民间五十多个药方子，著有《传信方》二卷。

刘禹锡是一个执着的人，他是“永贞革新”的风云人物，失败后被贬为连州刺史，后又被贬为朗州司马，但刘禹锡的心情并不灰暗，反而像王洛宾一样写了不少具有民歌风格的传世诗篇。十年后人到中年的刘禹锡回到京城，这无疑是一个重回高层政治圈的极好机会，只要他能像其他人那样发表个悔过书，再对当局者说几句感恩戴德的话，表示一下“永不翻案”，就很有可能官复原职了。可他不服气，有一天闲游到玄都观，看到桃花满树，顺口吟出了一首诗《戏赠看花诸君子》，因诗中有“玄都观里桃千树，尽是刘郎去后栽”之句，让人读出了讽刺的味道。他又被贬到连州做刺史，而且一去就是二十二年。六十多岁的刘禹锡终于又回到朝中任主客郎中。一到长安，他又到玄都观转悠了一趟，又写了一首《再游玄都观绝句》：“种花道士归何处？前度刘郎今又来。”刘郎气盛，宝刀锋利啊！最终，他熬死了唐朝的五代皇帝，活到了72岁。那篇家喻户晓的

《陋室铭》，据说是被“气”出来的。刘禹锡当年被贬至安徽和州县当了一名小小的通判，遭到县官欺凌，半年之内被迫三次搬家，面积一次比一次小，最后就是一个蜗居。刘禹锡愤然提笔写下了这篇超凡脱俗、情趣高雅的小品文，并请人刻上石碑，立在门前。《陋室铭》从此成为千古佳作。

李贺：忧肠呕心寻诗踪

瘦驴古囊荒郊行，忧肠呕心寻诗踪。
野丘月碧惊寒雀，萧斋案紫鸣幽虫。
笔凝鬼气鲍家语，胸藏奇才仕途空。
人间知音苦无多，荡舟直归玉楼中。

这世上有天才，也有鬼才。鬼才，刁钻古怪，神鬼莫测，不按常理出牌，似乎没有什么规律，却极富灵气，常常出人意料。李贺被称为“诗鬼”，是诗歌界的“鬼才”。宋代以来，不少学者、诗人常用“太白仙才，长吉鬼才”来形容唐朝这两位著名诗人。“鬼才”并非说李贺只喜欢写神仙鬼怪的题材，而主要是指他的诗歌想象丰富奇特，意境新颖诡异，且惯于逆向思维，常有神来之笔。“牛鬼蛇神”这个词最早其实是杜牧对李贺诗歌特色的评论，他在《李贺诗序》中说：“牛鬼蛇神，不足为其虚幻荒诞也。”是说即使人们能想象出长着牛头的鬼和有着蛇身的神，也比不上李贺描绘的境界虚幻荒诞。

李贺，字长吉。祖籍陇西，生于福昌县昌谷——就是今河南洛阳的宜阳县。李贺是唐宗室郑王李亮的后裔，用阿Q的话说“祖上也曾经阔过”。但到李贺出生时，家道败落，但李贺自幼颖悟绝伦，《唐才子传》中说：“七岁能辞章，名动京邑。”当时名满天下的大诗人韩愈、皇甫湜不相信，亲自出题面试，结果李贺出口成诗，吟成一首《高轩过》，惊得老前辈目瞪口呆。李贺21岁到河南府参加应试，成绩很好，获得了“乡贡进士”的资格，被推荐到京城参加进士考试，但李贺的竞争者诽谤他，说他的父亲名晋肃，“晋”与“进”犯忌，他应当避父亲的讳，不能参加进士考试，否则就是不孝，所以李贺一辈子也没能拿上进士文凭。

据先贤古哲们的看法，貌之高古者必胸多奇气，李商隐在《李长吉小传》中说李贺长相怪异，瘦高个儿，双眉连在一起，手指很长。韩愈调侃李贺说，这样的长手指最适合写诗了。其实李贺写诗不只是用手，更是用脚、用心。传说他每次出门总是骑着一头毛驴，跟随的书童身上背着一只锦囊。他边走边吟诗，每得佳句就写下来放进囊中，晚上回家再补充完整。据说，“昆山玉碎凤凰叫，芙蓉泣露香兰笑”“女娲炼石补天处，石破天惊逗秋雨”“天若有情天亦老”“黑云压城城欲摧”“桃花乱落如红雨”这样的名句，就是这样得来的。难怪他的母亲说：“是儿要当呕出心乃已尔。”

李贺日夕吟诗，且体弱多病，17岁鬓发即已斑白。他的《咏怀》云："日夕著书罢，惊霜落素丝。"据说李贺将死时，忽然在大白天看见一个穿着红衣服的仙人，坐着一条赤龙驾着的车，拿一封诏书，上面的字好像是上古的篆文，又像是霹雳石文，说："要召回长吉去！"李贺死后，受上帝任命，成为神仙中人了。李贺和王勃的经历惊人相似。两个人都在少年之时因诗文而获"神童"美誉，都在27岁时离世，令人唏嘘。

张继：秋风渔火万枫红

深宵荒云幽晚风，寒山夜钟惊张生。
心伤逝水闻乌啼，魂断枫桥梦秋虫。
霜天落月千树冷，秋风渔火万枫红。
今横客船古寺旁，听来不是旧时声。

有时候历史记住一个人，就因为那一两首诗歌。唐朝张继写的《枫桥夜泊》，人人都会背诵，但中国的读者有多少人能背出写过近万首诗的乾隆皇帝的一两首诗呢？张继就是靠着这一首诗让自己的名字永恒地镌刻在了历史和人们心中。后人都记住了唐代那个落魄书生张继，谁还记得当年春风得意、马蹄疾驰的状元郎呢？但是像张继这样的落魄文人，中国古代的青史常常是不屑于为之留名的。仅凭当时鸡零狗碎的各种记录，我们知道他是南阳人，但也有人怀疑他是襄州人，是天宝十二年（753）的进士。有人把张继列为“大历十才子”之一。张继和皇甫冉、刘长卿友谊颇深，死于洪州后，刘长卿曾作《哭张员外继》痛悼之。

台湾作家张晓风就以张继的《枫桥夜泊》为蓝本，写了一篇文章《不朽的失眠》。在她的笔下，张继是一个落榜者形象，他在不眠之夜里写下了不朽诗篇《枫桥夜泊》，警策世人功名荣华都是过眼云烟，而艺术的永恒才是“不朽”的，值得人们为之倾心竭力。《枫桥夜泊》一面世，就像流行歌曲一样唱遍大唐，甚至流传国外，在日本也是家喻户晓，连日本的小学课本也载有此诗。我国历代各种唐诗选本和别集都将张继的《枫桥夜泊》选入，可见诗名之盛。

此诗也引发了后世的“枫桥热”，后世喜欢舞文弄墨的文人常常喜欢题咏枫桥。杜牧的《怀吴中冯秀才》：“长洲苑外草萧萧，却计游程岁月遥。唯有别时今不忘，暮烟秋雨过枫桥。”北宋孙觌的《过枫桥寺》：“白首重来一梦中，青山不改旧时容。乌啼月落桥边寺，欹枕犹闻半夜钟。”北宋赵抃的《和宿硖石寺下》：“淮岸浮屠半倚天，山僧应已离尘缘。松关暮锁无人迹，唯放钟声入画船。”清代的王士祯也写过咏枫桥的绝句：“枫叶萧条水驿空，离居千里怅难同。十年旧约江南梦，独听寒山半夜钟。”还有诸如“正是思家起头夜，送钟孤棹宿枫桥”“疏钟夜火寒山寺，记过吴枫第几桥”……我觉得化用得很好的是陈小奇的歌曲《涛声依旧》，妙在“藕断丝连”。所谓“藕断”是说它是一个全新的作品，所谓“丝连”是指张继的影响随处可见，最直接的影响是意象、诗句的借用和点化。《枫桥夜泊》中的意象都被作者巧妙地化用在歌词中，充满古典空灵的韵味，用大白话写出了唐诗宋词的意境。

寒山寺本来只是苏州城外的一座小寺，原名叫普明禅院，寒山寺是它的俗名。由于张继的《枫桥夜泊》，从唐代至今，人们都知道寒山寺了，寒山寺成为一处名胜古迹。可以说，张继的一首诗成就了一座寺院。

杜牧：诗文如日照晚唐

吹箫说剑世无双，诗文如日照晚唐。
也曾抚戟伤赤壁，更注孙子哀阿房。
月冷青楼楚腰轻，酒饮秦淮商女靓。
东风不与杜郎便，魂断清明问杏香。

杜牧是晚唐诗坛最耀眼的一颗明星，他出生于京城长安。在唐代，人们说自己是长安人就像今天人们说自己是北京人一样自得；而且杜牧出身于名门望族，当时就有“城南韦杜，去天尺五”的说法。有唐一代，杜氏家族就出过十一位宰相，他爷爷杜佑是三朝宰相。但不幸的是在杜牧八九岁的时候，爷爷就去世了。祸不单行，不久，他父亲也追随他爷爷而去。杜牧的少年时代经历了“天上人间”的变故，“食野蒿藿，寒无夜烛”。杜牧和弟弟与母亲相依为命，靠典当度日。但杜牧和弟弟没有沦落消沉，家贫寒夜无烛，二人相抱取暖，通宵背书。他们还苦读兵书，准备经世济用，一展才略。

在唐代，考生在考前要把自己的诗作投献给主考官，以求获得青睐并提携，说白了就是请求照顾。杜牧在26岁参加进士考试时，也不能免俗，就把自己三年前写的得意之作《阿房宫赋》投献给太学博士吴武陵。吴武陵读后拍案叫绝，立刻跑到主考官崔郾那里，把《阿房宫赋》当场高声诵读了一次，赞杜牧是“王佐之才”，并直接和崔郾说：“把头名状元给杜牧！”崔郾十分为难：“状元已经内定了，而且第二、第三、第四名也都内定了，要不给个第五吧。”就这样，杜牧进士还没考就已经稳获第五名。这时有人检举杜牧生活作风不太讲究，是一个花花公子，不该中进士。但这并没有阻挡杜牧“前进”的脚步。随后杜牧又在皇帝亲自主持的殿试中登科。杜牧一年两次登科，一时名满京华，顺利进入仕途。

但考场得意，官场失意。中举后，杜牧只获任校书郎。由于不甘心录章摘句，他就到牛僧儒的淮南节度幕府当了个小官，上班地点在扬州，度过了近十年的幕府生涯。官场失意，情场得意。杜牧风流倜傥，人长得帅，诗写得棒，是大众偶像，女孩子心中的白马王子。扬州又是烟花繁盛之地，杜牧在扬州出入青楼，如鱼得水，业余生活过得丰富多彩。用他自己的话说是“十年一觉扬州梦，赢得青楼薄幸名”。

杜牧是一个充满忧患意识的作家，他很有军事才能，曾经为《孙子兵法》作注，可惜英雄生不逢时，无用武之地。杜牧成名虽早，却没有得到在政坛上施展才能的机会，只好借诗酒风流来掩盖自己的失意。临终前，他给自己写好了墓志铭，焚烧了生平的文章诗稿，流露出决绝而去的姿态，体现了诗人内心深处的孤寂。

李商隐：空留锦瑟一片情

半生游幕作微臣，但无双翼借长风。
徒具贾生千丈才，空留锦瑟一片情。
蓝田玉碎冷新月，沧海珠暗弃垢尘。
后世谁解巴山雨，凭栏空吊玉溪生。

李商隐可以说是中国古代最著名的朦胧诗人，他写了不少朦胧诗，有些诗的题目就叫“无题”；有些诗的题目就像《论语》的题目一样，摘取诗中的前两个字作题目，《锦瑟》就是如此。后人读到李商隐谜一般的无题诗，自然也会想到他谜一般的爱情故事。现代作家、学者苏雪林曾著《李义山恋爱事迹考》，宣称李商隐的爱情是“千古以来文人中罕有的奇遇，情史中的第一悲剧”。她告诉我们李商隐的恋爱对象既有公主身边的女道士，又有皇帝身旁的宫嫔，都是无法公开的恋情，因此也注定没有结局。

这样看来李商隐又是中国古代最大的“情歌王子”，但这位“情歌王子”本人只承认自己的初恋是一个叫柳枝的女孩。大约是李商隐发起了一个诗歌朗诵会，他吟咏了自己的《燕台诗》，对面的女孩看过来，惊讶地问道：“谁人有此？谁人为是？”女孩说：“谁有这样的才华？谁能写出这样美丽的诗歌？”就这样对小李一见钟情。双方定好三天后约会，但李商隐的一个朋友搞了个恶作剧，把他的行李偷走了，李商隐没办法，只得追赶朋友去京城。后来柳枝被娶走了，让李商隐很悲哀，于是写下《柳枝》五首，来怀念这个女孩子。或许，李商隐婚前有许多绯闻，但婚后他对妻子却一往情深。

李商隐也因这次婚姻而毁掉了自己的“政治前程”。李商隐是河南人，25岁考中进士，成为令狐楚的得意门生。26岁得到泾原节度使王茂元的赏识，邀请他去幕府任职，并做了乘龙快婿。这下就惹祸了，因为令狐楚属于牛党，王茂元属于李党，就这样，李商隐一生夹在党争之中，两党都在挤对他。后来李商隐参加博学宏辞科考试，考官已经录取了他，但牛党的主考硬是把他刷了下来，说从组织部门的角度来考察，不能重用他。因为他有许多纠缠不清的情感问题，一旦被群众发帖子追究，会给干部队伍带来负面影响。因此，李商隐一生都是寄人篱下的文墨小吏，将一切难言之隐都寄托在幽微隐晦的诗篇之中，四十多岁即郁郁而终。他的朋友崔珏在《哭李商隐》中感慨他：“虚负凌云万丈才，一生襟抱未曾开。”

李商隐的名字也很耐人琢磨。“商隐”是“商山隐士”之意，其典来自“商山四皓”；而“义山”，是指隐居而能行义。但“商隐”又仿佛是伤隐，可以理解为一生感伤无法出头的隐居生活，也可以理解为将他的感伤隐藏在诗篇之中。李商隐有一句著名的诗：“向晚意不适，驱车登古原。夕阳无限好，只是近黄昏。”李商隐生活的时代恰是大唐诗坛的黄昏来临之时，他的诗就是晚唐诗歌中的最后一抹夕阳，无限美丽中又带有莫名的惆怅。

李煜：泪血化作春水流

残月如钩挂西楼，斜凭危栏眺故都。
霓裳翠落迷舞钗，玉树香飘醉歌喉。
念佛焉能守金陵，填词岂可抵吴钩。
七夕魂归离恨天，泪血化作春水流。

德国哲学家尼采说过：“一切文学，我最爱用血写的。”李煜的词就是用血写的。这并不是说他刺破了手指写下血书，而是说他的诗词是用内心最真切最深挚的感情写的。法国哲学家加缪说过：“最美丽的诗歌是最绝望的诗歌，有些不朽的篇章纯粹是眼泪。”李煜的词就是眼泪，《虞美人》《浪淘沙》等就是表现绝望的词篇。李煜的词独步古今、天下无双，后期的经历更使他进入一个无人能及的独特境界。平庸的心灵产生平庸的痛苦，平庸的痛苦只能产生平庸的艺术。

李煜的生日是农历七月初七，一生下来就受到长兄太子的猜忌，原因是他相貌堂堂。更了不得的是，他居然有一只眼睛是重瞳子，即一个眼睛里有两个瞳孔。这本是瞳孔发生了粘连畸变，但古人认为“重瞳”是帝王之相。传说舜、禹、项羽和王莽都是重瞳。这让太子十分担心，李煜也害怕得要命，所以他从小就专心习文，研读琴棋书画，表示自己无意参与政事，以图保全性命。按理说他是南唐中主的第六个儿子，本来是没有机会做皇帝的，可也许是天意，他的五个哥哥命都不长，他顺理成章地成了皇帝。

但作为皇帝，李煜太业余了。有人说凡诗人，其感情特点有三：第一，沸点低，容易冲动；第二，脆度低，容易沮丧；第三，耐力低，容易泄气。把国家交到诗人手里，非砸锅不可。李煜这个专业诗人最终把南唐这口锅给砸了。贡品上了，佛祖拜了，契丹求了，可是，南唐亡国的命运依然逃不掉，最后，花园般美丽的古都金陵彻底沦陷了，李煜只好流着眼泪随宋军北上，被封为“违命侯”。他25岁当皇帝，40岁被俘，42岁过生日时给旧臣妃子诵读新作《虞美人》，众人感伤不已，哭得一塌糊涂。宋太宗赵光义恼怒不已，第二天就赐牵机药毒死李煜。作为诗人，李煜死得很惨。前人有诗叹曰："作个诗人真正好，可怜薄命作君王。"

李煜作为寄人篱下的俘虏，在国灭家亡之后长期过着以泪洗面的生活，我们可以说他软弱，但他从来没有对大宋王朝唱过一句赞词。在死亡的声声召唤中，他没有闭上眼睛，而是蘸着血、和着泪写下了一曲曲如挽歌一样的词作。他是悲剧人物，他用美丽的词作抗争着。在文学的殿堂里，他用自己的大绝望、大感伤、大苦难、大悲痛，塑造了一个不幸却不朽的名字——李煜。

第四编　咏两宋雅士词宗

欧阳修：不畏师嗔畏后生

荻画学书历秋冬，寡母训子终成龙。
史承马班齐宇宙，文追韩柳冠唐宋。
琅琊翁醉非关酒，颍州士居岂在官。
旧作不厌百回改，不畏师嗔畏后生。

提起欧阳修，人们首先会想起他的《醉翁亭记》，想到“醉翁之意不在酒，在乎山水之间也”的名句。醉翁者，在想象中是一个爱喝酒、很乐观的老头，也是一个很有小资生活情调的太守。太守相当于今天的地级市市长，收入颇高但不至于暴富，社会地位不低足以令百姓羡慕，过得比较舒坦，活得十分浪漫。尤其在那些歌舞升平的年代，太守往往成为风花雪月的代名词，似乎整日无事，就是喝个小酒，听个小曲，或者干些重修岳阳楼或是登临醉翁亭之类的雅事。

但欧阳修小时候生活还是很艰苦的。他出生在一个家道已经衰落的大家族中，尤为不幸的是在他4岁时父亲病故，生活一下子没了着落，母亲只好带着他到湖北投奔叔父。叔父家境也不富裕，甚至不能给欧阳修提供学习用的纸笔。母亲就带着欧阳修在小河边就地取材，用荻草作笔，在松软的沙地上完成欧阳修的启蒙教育。“荻草学书”从此流传下来。欧阳修自幼酷爱读书，但家里无书可读，他常从城南李家借书抄读。欧阳修天资聪颖又刻苦勤奋，往往书不待抄完，已能成诵。这也很正常，没有伞的孩子必须努力奔跑。叔父曾对欧阳修的母亲说：“嫂无以家贫子幼为念，此奇儿也！不唯起家以大吾门，他日必名重当世。”

宋仁宗天圣七年（1029），22岁的欧阳修来到京师汴梁，连考四场，三场第一，冠盖京华，名震天下。他的文章一出，天下读书人都争相仿效，一时文风大变。但欧阳修的长相却令人不敢恭维——高度近视；还长了两颗外露的兔牙，牙和嘴唇离得很开；个头又低又瘦。皇后见他之后，曾皱起蛾眉说没见过这么丑的人，宰相晏殊也吃惊地说：“这家伙的长相和文章的差别咋就这么大呢？”但欧阳修擅长写情词，艳福不浅，娶过三个妻子，个个美貌如花。欧阳修的仕途并不顺畅，但他好像不太在乎，照旧喝酒，还喝出个《醉翁亭记》。他喝的是性情，更是心情。

欧阳修成为政府要员、文坛领袖之后，对自己的创作仍然精益求精，常把写成的文字“贴之墙壁，坐卧观之，改正尽善，方出以示人”。“虽作一二十字小柬，亦必属稿，其不轻易如此。”即使到了晚年，他仍然“用思甚苦”，常将旧作贴于墙上反复修改。他妻子说：“如此辛苦，怕先生骂吗？”欧阳修回答：“不畏先生嗔，但畏后生笑。”他写出了那么多经典文章，绝对没有想着要拿什么文学大奖。欧阳修晚年自号“六一居士”，别人不解其意，他风趣地说：“我家有藏书一万卷，集录三代以来金石遗文一千卷，有琴一张，有棋一局，还常置酒一壶。还有我这个老头子杂在这五个‘一中’，不就‘六一’了吗?”真是一个豁达乐观的老人！在古代，一个人一辈子成功不成功就看他死后追封的谥号了，欧阳修谥号“文忠”，足以说明一切。

范仲淹：岳阳楼头凭栏客

断齑画粥求学艰，赢得魁星亦惘然。
胸藏甲兵西夏服，心忧苍生北宋难。
未勒燕然悲白发，寄情曲词怅青烟。
岳阳楼头凭栏客，履霜而知坚冰寒。

范仲淹是北宋著名的政治家、思想家、文学家、军事家、改革家、慈善家……这“家”也够多的。范仲淹算是“官二代”，但在他出生后的第二年，时任北道重镇成德军节度掌书记的父亲范墉就因病去世了。家境贫苦，无所依赖，但小小的范仲淹很争气。他读书刻苦，冬天困倦时就用冰水洗把脸，清醒一下接着读。为寻清静读书之所，他搬到寺庙里搞“封闭式管理”，每天煮一锅稀粥，冷凝后分成四块，早晚各两块；剁些菜根，用盐水一泡，就是咸菜。这就是“断齑画粥”的典故。20岁出头时，范仲淹师从当时的教育家戚同文学习“五经”。某日真宗皇帝路过南京，大家都争先恐后地跑去看，范仲淹却闭门不出，坐诵如旧，真是耐得住寂寞啊！同学们非常好奇，问他为什么不去。他回答说：“日后再见，也未必晚。”果然，第二年他就中了进士，见到了皇帝。

范仲淹文韬武略样样超群，但多次因谏被贬谪，大部分时间都“处江湖之远”搞基本建设。当时梅尧臣作《灵乌赋》力劝范仲淹少说话，少管闲事，自己逍遥就行。但范仲淹却表示“宁鸣而死，不默而生”，这句话类似美国建国前期的名言“不自由，毋宁死”。不过，范仲淹努力抓住任何一个可能的机会向皇帝表达心意。仁宗皇帝终于把西北的安危交给了52岁的范仲淹，范仲淹不负厚望，抓住机会，改变了文官任边将总打败仗的局面。在与西夏的对峙中，终于让西夏领教了大宋朝的厉害。当时边境民众中流传着一首歌谣，可以说明范仲淹当年有多威风：“军中有一范，西人闻之惊破胆。”人们都知道范仲淹是个文人，但不知道他还是慈善家。他一生置义田、建义庄、办义学，义举多多。他做慈善家是真掏钱，一点儿也不逊色于比尔·盖茨。

据陆游《老学庵笔记》载：“范文正公喜弹琴，然平日只弹《履霜》一曲，时人谓之范履霜。”范仲淹年轻时就有“不为良相，但为良医”的崇高理想，最终，他“居庙堂之高”，成了大宋朝著名的铁血宰相。他为官一任，造福一方，用毕生的心血实践着他在《岳阳楼记》中的为人准则："先天下之忧而忧，后天下之乐而乐。"就是这一名句，还救了他十二世孙范从文一命。明代初年，范从文任监察御史时被同僚诬陷，因忤旨罪被判死刑，恰逢皇帝朱元璋到大理寺视察狱案，发现他是先贤范仲淹的后代，便动了恻隐之心，御笔写下"先天下之忧而忧，后天下之乐而乐"的名句赐给范从文，说："赦你不死！"判他戍守庄浪卫，即今天的甘肃省永登县。范从文是实实在在地沾了老祖宗的光。九泉有知，范仲淹应当很欣慰！

司马光：腹藏古今撰通鉴

幼临大事有静气，砸缸救溺世称奇。
腹藏古今撰通鉴，胸怀社稷明资治。
仁者情怀秋水淡，高士视界长天齐。
只因政见悖临川，复古终为后世低。

"司马光砸缸"与"文彦博灌水浮球""孔融让梨""曹冲称象"并称为中国四大儿童益智故事，堪称家喻户晓，脍炙人口。据记载，当时东京和洛阳就有画工把"司马光砸缸"的故事画成《小儿击瓮图》广为流传。瞧，司马光从小就是孩子们学习的榜样。

司马光是山西夏县人。按理说司马光官至宰相，工资待遇应该不低。但他把钱都拿去救济亲戚朋友了，自己不穿帛、不吃肉。他身为宰相，只在洛阳有薄田三顷。他的宰相府第简陋到仅可遮风挡雨。夏日酷热难当，司马光就在家中挖地丈余，以砖砌成地室以避暑，被戏称为“王家钻天，司马入地”。甚至妻子死后，司马光都无钱安葬，只好卖地以置棺。他为官四十余载，除了薪俸之外，不收取任何非分之财。作为高级干部，他严格教育子女。《训俭示康》一文就是司马光为告诫儿子司马康崇尚节俭而写的。司马光的儿子在他的影响下，为人廉洁，生活俭朴。即使别人不认识他，但是仅凭言谈举止，人们就知道他一定是老司马家中的人。

后人有诗：“文章西汉两司马，经济南阳一卧龙。”司马光之所以与司马迁被并称为古代史家双绝“两司马”，是因为他耗费了19年心血，留下了一部294卷300万字的我国首部编年体通史——《资治通鉴》。为完成这部巨著，据说司马光用圆木做枕头，当他写作困倦时，就枕着圆木睡觉，只要一翻身，枕木就会滚走，人就会惊醒，故此枕被称为“警枕”。他用这种方法来强制自己写作。当这部巨著完成后，司马光已齿落发白，自感来日无多，便留下丧事不可奢华的遗嘱。他死后入殓早已备好的薄棺，遗体仅盖一个旧布被，随葬的只有一篇颂扬节俭的文章——《布衾铭》。前来吊唁的太皇太后、皇帝和大臣看到府中萧然、满屋图书，床上只铺着旧竹席，都慨叹不已。朝廷送来2000两丧葬银，司马光的儿子遵从父亲的遗命全部退回。

但司马光也是一个顽固保守的象征。他临终前为相，仅数月便把文坛老友、政坛对手王安石实行的新政全部废除，这同当初王安石的变法一样也引起天下哗然。司马光死后八年，哲宗皇帝便将他打成“奸党”，追夺官誉谥号，并砸了刻有御书的墓碑。后来金兵南下攻占汴京，宋朝两个皇帝成了俘虏。汉族后来长期以此为奇耻大辱，几百年间史家争论不休：北宋元气是为王安石变法所伤，还是被司马光复旧所坏？司马光在学术上成就斐然，在政治上却是一名悲剧人物。

柳永：忍把浮名换低唱

忍把浮名换低唱，填词唯有颂红妆。
黑发癫狂断尘梦，青楼恣意染鬓霜。
酒醒晓风杨柳岸，泪葬烟水古道旁。
可叹纷纷缙绅辈，识才不及翠袖长。

论中国历史上的风流才子，估计没有哪一位能比得上柳永了吧。他生前风流，死后更风流。柳永死时，穷得连下葬的钱也没有了，真是“赤条条来去无牵挂”，但柳永纵然做鬼也风流。他平生所爱的妓女们凑份子，为柳永买寿衣、置棺木建坟茔，安葬了他们心中的偶像。碑文上书：“奉旨填词柳三变。”

出殡那天，妓女倾城出动，哀哭遍野；甚至出现香纸断市，交通拥堵。真应了《红楼梦》中贾宝玉那句话："我死后，众人用眼泪葬我。"此后，每逢清明，都有歌伎载酒肴捧鲜花到柳永坟前祭奠，时人称为"吊柳会"，也叫"上风流冢"。这逐渐形成一种风俗，持续了一百多年，直到宋高宗南渡之后才中断。追悼诗人而形成风俗，前有屈原，后有柳永，可见柳永的巨大魅力。

柳永为什么能够赢得那么多歌伎"粉丝"的钟情呢？这里不妨为大家讲一讲。柳永仕途失意，有人把他举荐给宋仁宗，宋仁宗说：这不是写了"且把浮名，换了浅斟低唱"的柳七吗？且去填词吧，要这浮名干啥！被皇上点名批评，就像被武林高手点中死穴一样。就这样，柳永的政治生涯被画上了句号，但他却借机打出"奉旨填词"的旗号——没人给你台阶下，还是自己搬把椅子吧，于是他成了中国历史上第一个专业的"歌词作家"。柳永的可爱之处在于敢把心中的牢骚毫无顾忌地宣泄出来。

俗话说：官场得意，情场失意。柳永是官场失意，但情场得意。他在政界最大混了个"屯田员外郎"的芝麻官，也没当几天；可他在娱乐界却成了大名人，常常与歌伎进行感情交流活动。他的词别具一格，当时有"豪苏腻柳"之说。柳永和苏轼的词的确是大不相同的。据说柳永只要为哪个歌伎填一首词，这个歌伎的身价就会倍增。所以，你要问众歌伎爱柳永有多深，月亮代表她们的心。当时有诗云："不愿君王召，愿得柳七叫；不愿千黄金，愿得柳七心；不愿神仙见，愿识柳七面。”柳永是野生野长的才子，注定是世俗纲常的挑战者、叛逆者。

柳永在《雨霖铃》中写道：“……执手相看泪眼，竟无语凝噎……此去经年，应是良辰好景虚设，便纵有千种风情，更与何人说。”如此钟情，如此专一。人间的深情厚谊，竟然在柳永和一些歌伎之间表现得淋漓尽致，不能不说是对社会的极大讽刺。

苏洵：巴山蜀水育风流

自古峨嵋天下秀，巴山蜀水育风流。
廿七始恨诗意浅，四十方痴学理究。
细察六国论纵横，明观两汉藏壑丘。
汴京城里传美名，父子同年占鳌头。

在1995年全国的高考语文试题中，有一道选择题，给出一副对联：“一门三父子，都是大文豪。诗赋传千古，峨嵋共比高。”选项依次为“三苏（苏洵、苏轼、苏辙）”“三曹（曹操、曹丕、曹植）”“三班（班彪、班固、班超）”“三杜（杜甫、杜牧、杜荀鹤）”。答案显然是四川眉山的“三苏”。在唐宋八大家里，苏家独占三席，可以称得上是文坛奇观。李白、杜甫、陶渊明才华出众，可是他们的后代都很平庸，没出来什么人才。中国古代文坛如果按家庭为单位进行写作比赛，冠军非苏家莫属。这功劳得归功于苏洵，是他创造了中国第一文人家庭的奇迹。

苏洵，自号“老泉”，听起来有点倚老卖老的味道。中国是一个资历社会，农业社会生产靠经验，老人经验丰富，受尊重，所以文人喜欢称“老”，常自称“老夫”“老翁”之类。欧阳修称自己为“醉翁”，陆游称自己为“放翁”，其实都不到40岁。苏洵一直被当成大器晚成的典型。青年时代的苏洵，豪放不羁，喜欢旅游。一晃苏洵27岁了，已经是两儿一女的孩子他爹了。这时候他忽然觉得天天光脚走路，也该体会一下坐奔驰的滋味了。苏老泉一下决心，就刻苦攻读，但在科举考试中，次次落榜。他一气之下将为应考而写的几百篇文章送进了火炉，之后闭门苦读五六年，于是通六经、晓百家，下笔千言，顷刻即成，并将研究所得撰写为文。

中国古代盛产严母，比如三次搬家的孟母、给儿子背上刺字的岳母、用荻草教儿子写字的欧阳修的母亲等，她们的名气很大，被千古传颂。也许因为中国人在教育上推崇“严”，不太喜欢“慈”，所以，苏洵这位教育好两个儿子的慈父在教育界没有赢得多少名气。苏老泉痴迷读书的习惯惠及了两个儿子。苏洵曾经写了一篇《名二子说》，鼓励儿子要像“轼”一样，登高望远，积极上进，又要像“辙”一样为人忠厚，做事稳妥。

宋仁宗嘉祐年间，53岁的苏洵与儿子苏轼、苏辙离开家乡，到了北宋的京师汴梁应试。苏洵拿着自己写的《几策》《权书》《衡论》等二十二篇政论文章，拜见翰林学士欧阳修，博得了这位文豪的赏识。在欧阳修的推荐下，他的文章摆在了皇帝的御案上。一时“三苏”之名轰动京城，引得文人竞相模仿。三位川籍作家在开封城里掀起了一股“三苏”旋风。志在“为帝王师”的苏洵被誉为有“王佐之才”。为纪念自己见赏于文坛领袖欧阳修的往事，苏洵将自己的诗文集题名为《嘉祐集》。但这位大器晚成的文人，在名满天下四年后就溘然而逝，令人惋惜不已，也让后人感慨不已。

苏轼：拄杖啸风且徐行

峨嵋少年意峥嵘，铜琶铁板惊宫阇。
把酒问天欲归去，拄杖啸风且徐行。
赤壁胸荡千堆雪，岭南心安万里云。
胸怀经天纬地才，空留高咏满乾坤。

苏轼是中国文学史上才华横溢的“全才”，就如体育竞赛中的十项全能冠军，是一个丰碑式的文化巨人。论文章，他是唐宋八大家之一；论诗，他与黄庭坚并称为“苏黄”；论词，他和辛弃疾并称为“苏辛”；论书法，他和黄庭坚、米芾、蔡襄并称为“苏黄米蔡”。他写的《寒食帖》与东晋王羲之的《兰亭序》、唐代颜真卿的《祭侄稿》被合称为“天下三大行书”。还有人将“天下三大行书”进行对比说：《兰亭序》是雅士超人的风格，《祭侄稿》是圣哲贤达的风格，《寒食帖》是学士才子的风格。它们可以称得上是中国书法史上行书的三座里程碑。苏轼还是国家一级厨师，他发明了“东坡肉”“东坡肘子”等。林语堂在《苏东坡传》中给苏轼冠以悲天悯人的道德家、黎明百姓的好朋友等种种称谓，认为苏轼是个兼具蛇之智慧和鸽子之温柔敦厚的赤子。

苏轼在科考中一举成名后，就像刚从北大毕业的优秀大学生，年轻气盛、恃才傲物。当然，以苏轼之才，治国安邦必有建树，但是他太富有诗人气质了，少了点政治家的城府，常常有感而发，不平则鸣，结果总是得罪人。于是就有同事从他的诗集里找了几句“反动”言论，在宋神宗面前打小报告，苏轼就被抓起来了。令苏轼倒霉的是吟咏桧树的两句诗：“根到九泉无曲处，世间惟有蛰龙知。”这两句诗被指称为隐刺皇帝：“皇帝如飞龙在天，苏轼却要向九泉之下寻蛰龙，不臣莫过于此！”就这样，一场牵连苏轼三十九位亲友的大案震惊朝野，这就是著名的“乌台诗案”。幸亏宋神宗的脑袋里还没进水，他爱惜苏轼的才华，留下他一条命，苏轼被贬到黄州做团练副史，原来的官职俸禄都没有了。然而，这还不是终点，苏轼后来遭到一贬再贬，最后被流放到海南岛，了此一生。苏轼去世那年，用一首诗总结自己：“心似已灰之木，身如不系之舟。问汝平生功业，黄州惠州儋州。”

苏轼落难的时候，在长江岸边写下了“大江东去，浪淘尽”的诗句。他种田、写诗，觉得人生有很多痛苦，等你过阵子回头看看，什么都是浮云。复旦大学教授王水照认为苏轼的文化性格有四点：一是狂、二是旷、三是谐、四是适。年轻的苏轼有着文化大家共同的个性特点，即狂放。几经挫折，苏轼的性格由狂转旷，就是旷达，表现为对是非、荣辱、得失的超越。谐就是诙谐，苏轼极富幽默感。适就是自适、随遇而安，对于仕途坎坷的苏轼而言，这无疑是更加高级的人生境界。

我认为苏轼是中国文学殿堂里的无冕之王。

王安石：欲将只手擎乾坤

少比稷契济世魂，欲将只手擎乾坤。
热肠千结苍生累，雄心万丈明君恩。
两度拜相推新法，一腔委屈作妾臣。
春风几回绿江南，空有渔樵唱晨昏。

王安石是江西临川人。临川钟奇毓秀，人杰地灵，和江苏宜兴、湖北蕲州并称为“中国三大才子之乡”。“唐宋八大家”

的曾巩，宋代著名词人晏殊、晏几道父子，明代戏剧家汤显祖、哲学家陆九渊等都出生在这里。王安石十七八岁时就以稷、契自命，在《忆昨诗示诸外弟》中说：“才疏命贱不自揣，欲与稷契遐相希。”什么叫自信？自信就是当你穷得一无所有，而且也没有任何征兆显示你将来会登上福布斯富豪排行榜时，你就坚信我是未来的比尔·盖茨！王安石22岁考中进士，之后做了十五六年的地方官，深知社会痼疾，也搞了一些改革，政绩还不错，这让他增强了变法的决心。他给宋仁宗上过万言书，但宋仁宗对人微言轻的王安石的改革措施没当回事儿。

19岁的宋神宗终于坐到了皇帝的位置上，青春躁动的他正处于天地任我行的年龄。他真切地感受到历史走到了一个拐点上，不改革不行。他当太子时的老师韩维是王安石的崇拜者，每到神宗听课入迷时，便说所讲是王安石的主张，以至于太子对王安石是“思君不见君”。因此，神宗刚刚坐上龙椅，就奉王安石为大宋王朝的改革总设计师，这一年王安石49岁。神宗很喜欢王安石我行我素的个性。王安石喊出“天变不足畏，祖宗不足法，人言不足恤”的口号，结果这却是一场无人喝彩的改革。他就像一颗彗星，拖着长而明亮的尾巴呼啸而来，又悄然而逝。晚年的王安石是寂寞的。儿子死了，变法失败了，他再次下野了。司马光等旧党上台后，像砸缸一样把推行了十八年的新法，一块石头就都砸烂了。王安石一生的心血白白地流光了，一年后王安石郁郁而终。王安石是个好人，但他也伤害过很多好人，最终他成了孤家寡人，死后连墓志铭都没人写。

王安石在政治生涯中总幻想别人把自己当成大救星，他老是生活在理想世界中。但在日常生活中，他却是一个很随便的人，酷爱读书，不拘小节，尤其不讲卫生，常常不洗漱、不洗澡，蓬头垢面地就去上班。就连他身上的虱子也上了史书，“屡游相须，曾经御览”，虱子大摇大摆地从他的衣缝里爬到外面晒太阳，甚至上朝时还沿着他的胡须往上爬，也想朝见皇上，皇上看见了居然偷着乐。王安石对吃也很随便，即使到中央工作后，也从不挑食。身为高级干部，王安石没有情人，夫人曾买了一个妾侍奉他，他坚决地退了回去。瞧，在那个年代，王安石就已经忠实地执行着一夫一妻制了。

辛弃疾：扼腕空啸剑胆愁

满天风雨洗清秋，几番携酒登高楼。
悲黍醉里挥吴钩，采芹梦中击铜缶。
拊髀狂歌琴心碎，扼腕空啸剑胆愁。
莫向斜阳空拍栏，几人建功如仲谋？

宋代有两个文武全才的词人：一个是岳飞，一个是辛弃疾。辛弃疾出生那年，岳飞大胜金兵却被秦桧以十二道金牌召回。第二年，岳飞以“莫须有”的罪名被杀害。辛弃疾就出生在这么一个呼唤英雄而又践踏英雄的时代。辛弃疾，字幼安，这名字饱含着父母对他的多少期望啊！弃疾，就是抛弃疾病；幼安，就是从小平平安安。但辛弃疾那从小就使枪舞剑，壮如铁塔的丈夫身躯，何尝有什么疾病？他只有一块心病：山河碎，金瓯阙。《射雕英雄传》中有两位男主人公——郭靖、杨康，他们的名字就是为牢记“靖康之变”而起的，而辛弃疾是把“靖康之变”刻在心头的。他天生具有一种燕赵奇士的侠义之气。

辛弃疾是位少年英雄，20岁参加义军，年轻时做过两件惊天动地的大事：一是追杀僧人义端。义端和他是朋友，都在义军耿京部下。但他窃走耿京大印投靠金人，于是辛弃疾连夜追杀，取回义端脑袋和大印。这一年他21岁。二是活捉叛徒张安国。张安国杀死义军领袖耿京，投奔金人。辛弃疾率五十余人突袭拥兵五万的金军大营，把正在喝庆功酒的张安国活捉，带到南宋都城正法。他那惊人的勇气和非凡的胆识震惊了朝野。这一年他23岁。辛弃疾和南宋主和派一直意见不合。他上书过《美芹十论》这样的治国方略，他是如同诸葛亮、范仲淹、贾谊一样忧心如焚的政治家。他爱国家、爱百姓、爱朝廷，但朝廷怕他、烦他、忌惮他。

辛弃疾自号“稼轩”，“稼”就是庄稼地；“轩”就是有窗户的小房子，多为书斋或茶馆等的字号。书斋之外是一片庄稼地，暗喻怀才不遇。辛弃疾本想疆场建功，却只能修理地球。闲居二十多年，他只能寄情于词。他本不愿做词人，但历史却歪打正着地把他逼到词人的道路上，把他修炼得连叹一口气、聊几句天也都成好词了。有人认为辛弃疾是人中之杰，词中之龙。他本来是准备血洒沙场、马革裹尸的，但南渡之后却再也没有用武之地了。有人说，要是为辛弃疾造像，最贴切的题目就是“把栏杆拍遍”。他一生大都是在被抛弃的感叹与无奈中度过的。读他的词——“易水萧萧西风冷，满座衣冠似雪”“把吴钩看了，栏杆拍遍，无人会，登临意”……辛弃疾用自己的思想和生命为后人释放出耀眼的光芒。辛弃疾具有强烈的“天下兴亡，匹夫有责”的社会责任感，于68岁抑郁而死。

陆游：斜阳铁马壮士魂

梦听吹角彻长空，临安春雨亦朦胧。
秋风宝剑孤臣泪，斜阳铁马壮士魂。
侠烈满纸论恢复，遗愿一腔示儿孙。
而今谁识大散关，后人但说钗头凤。

要是在五一劳动节给古人颁发“五一劳动奖章”的话，陆游可能是一位比较合适的候选人，他一辈子生命不息，笔耕不辍，留下九千三百多首诗，论勤奋和高产都没得说。他和尤袤、杨万里、范成大并称为“南宋四大诗人”，和苏轼、黄庭坚并称为“宋诗三大家”。尽管他自己曾说不愿意做一位诗人，他的心是在诗外的，但他最终仍然是一名诗人，一名伟大的爱国主义诗人。

陆游，字务观，越州山阴人，也就是今天的浙江绍兴人。他的名字有点来历。叶绍翁在《四朝闻见录》中说：“盖母唐氏梦秦少游而生公，故以秦名为字，而字其名。”就是说陆游的老娘生他前梦见了秦观秦少游，就用老秦的字做了儿子的名，用老秦的名当了儿子的字。当然也有专家一本正经地考证说：陆游的名和字，出于《列子·仲尼篇》：“务外游不如务内观。外游者足取于物，内观者足取于身。”陆游在29岁时参加了在职公务员的职称考试，在浙江省名列第一，偏偏大宋宰相秦桧的宝贝孙子秦埙名列第二。秦大人立马把主考官给修理了。第二年，陆游参加全国统考，又名列前茅，又把秦桧气得吹胡子瞪眼，让陆游哪儿来的回哪儿凉快去。一直到秦桧寿终正寝之后，陆游才在福建弄了个副县长干，算是正式步入事业轨道。这一年他已经34岁了。走上领导岗位的陆游很有上进心，特别热心谈论“恢复”大计，惹得最高领导很郁闷，所以他的官职总是升升降降，像心电图上心脏电位的曲线波动。他也只能“燕饮颓放”，自嘲为“放翁”，以表示对环境的不满之意。

我们知道陆游一生都在为一件事情郁闷，就是妻子被母亲赶走了。陆游的首任妻子是表妹唐婉，两人都属于文学青年，十分投缘。而陆游的母亲和唐婉是姑侄，照理应当喜欢唐婉，可老太太偏偏不喜欢这个儿媳妇。在老太太的强烈要求下，陆游只好跟媳妇说“拜拜”了。后来有一次春游，陆游和唐婉夫妇在沈园相逢，唐婉给陆游敬了一杯酒，陆游心中十分痛苦，在沈园的墙上写下了那首著名的《钗头凤》。史书上记载唐婉：未几，怏怏而卒。而陆游直到八十多岁还放不下表妹。

陆游临死前写下著名的《示儿》一诗，抱着未见国土收复的沉痛与世长辞。他留有七子一女。据说他的小儿子陆子遹实在不给老爸长脸，这家伙在江苏做了个县长就无法无天，圈了六千亩民田卖给奸相史弥远，史弥远每亩出价一万文，陆子遹回头就跟老百姓说五百。差价太大了，老百姓集体上访。陆子遹把人家的房子一把火烧了个干净，把人全都抓进大牢，逼着把地契给签了，最后一分钱不给。有人说不要以为海燕的子孙一定是海燕。这话没错，不过，陆游在后人心目中的地位是不会因此事而受到影响的，他依然是那位伟大的诗人。

李清照：秋桐雨泣滴滴碎

大明湖畔李易安，文若碧水气若兰。
绿肥红瘦醉花阴，寒山远岫忆江南。
秋桐雨泣滴滴碎，旧雁风啼声声慢。
痴心几度编成痛，眼角潸然卸妆晚。

李清照是中国古代最好的女词人。她出身于官宦人家，父亲李格非是进士出身，学者兼文学家，在朝为官，又是苏东坡的学生。母亲也是名门闺秀，文学女青年。李清照从小就是闻着书香长大的。她天纵奇才，工书能文，通晓音律，知晓金石玉器。张爱玲说过：出名要趁早。作为一个旧时代的女孩子，李清照出名算是早的了。她不鸣则已，一鸣惊人。她还是待字闺中的少女时所写的《如梦令》，就名动京城，广被传诵，但即使成名之后，李清照也从来没有打出过“美女作家”的招牌。

中国的“知心爱人”在天上恐怕要数牛郎和织女，在地上恐怕要数李清照和赵明诚了。结婚之前，赵明诚就听说吏部员外郎李格非的女儿美丽、聪明，独具词才，便产生了强烈的爱慕之心。某日他梦见自己读了一本有趣的书，醒后书的内容只记住三句：“言与司合，安上已脱，芝芙草拔。”他请父亲圆梦。父亲想了想说：你要做“词女之夫”啊，遂为儿子向李家求婚。21岁时，赵明诚如愿娶到18岁的旷世才女李清照。这个故事见于《琅嬛记》。赵明诚曾为妻子的自画像题词：“清丽其词，端庄其品。归去来兮，真堪偕隐。”这对情深意笃的夫妻都是书虫，两人一起买书、藏书、校书、读书，家中“几案罗列，枕席枕藉”。这是李清照最浪漫的时光，就像歌里唱的那样：我能想到最浪漫的事，就是和你一起慢慢变老；一路上收藏点点滴滴的欢笑，留到以后坐着摇椅慢慢聊。

作为成名的女人，李清照晚年的经历十分凄凉。丈夫去世，金兵南犯，她颠沛流离，四处逃亡，再婚失败，又招来非议滔滔。这样一位有才华有智慧的名女人，她的改嫁自然有新闻价值，狗仔队免不了狂吠几声。梁衡认为，李清照的悲剧就在于她是一个生在封建时代的有文化的女人。作为女人，她处在封建社会的底层；作为知识分子，她又处在社会思想的制高点，追求着许多人不敢追求的境界，这就难免有了超越时空的孤独和无法解脱的悲哀。有人说，唐人常常是板着面孔写诗，宋人常常是流着眼泪写词。《声声慢》一词就是女词人流着泪写的，它表现出了一位妇女从秋日的清晨到黄昏一整天孤独寂寞、凄楚悲哀的心绪。李清照一生的经历应了那句古诗：“自古美人如名将，半世辉煌半惆怅。”

李清照和另一名贵族才女张爱玲的结局很相似，张爱玲晚年无子，生活孤独无依，在异国的公馆里寂寞地死去，无人知晓。李清照写过“花自飘零水自流”，有点像是谶语。李清照也膝下无子，孑然一身，死于何时何地，不见史籍记载，如一片落花入水，无声无息，不知所终，令人叹惋。

姜夔：几多忧思寄砚琴

落魄布衣江湖行，野云孤飞长飘零。
清词骚雅疏影斜，新曲幽韵暗香盈。
淮东水碧角声咽，江南黍离红药冷。
一生未了华胥梦，几多忧思寄砚琴。

姜夔是古代著名的“北漂”青年。他是江西鄱阳人，出身贫寒，但天资聪颖，有很高的艺术天赋，又加上极其好学，小小年纪就小有名气。6岁时父亲进士及第，后任汉阳知县。姜夔随父亲迁往汉阳，但不幸的是父亲早逝，无奈之下他只得跟嫁在汉川的姐姐度过一段漫长的岁月。22岁左右，为了寻找一条出路，姜夔开始北游扬州，浪迹江湖，一个人赤条条来去无牵挂，在楚淮一带的青山绿水之间飘来飘去，整整十年，自号“江湖散人”。用他自己的话形容，“少小知名翰墨场，十年心事只凄凉”。

唐人尚肥，宋人崇瘦，姜夔生得体貌清瘦，那一身白色的袍子穿在身上就像晾晒在一根晾衣竿上似的，风大了恐怕就会被刮跑，这反倒给人一种道骨仙风、遗世独立的感觉。这位青年在三十多岁时漂泊到湖南长沙，在那里遇到了福建老诗人萧德藻。两个人一见如故，结下忘年之交。萧德藻见姜夔还没有妻室，便将自己的侄女嫁给姜夔，而姜夔漂泊久了，也想有个家。就这样姜夔结束了漫游的生活。漫游生活让姜夔结识了许多朋友。他的朋友有朱熹、杨万里、尤袤、范成大、萧德藻、辛弃疾等，都是当代文学界的大腕级人物。姜夔和南宋大将军张浚的孙子张鉴也是铁哥们儿，张鉴十分赏识姜夔。

张鉴曾念他飘零孤苦，要为他买爵位，又要将一块沃野之地相赠，但生性淡泊的姜夔都婉言谢绝了。像姜夔这种生活潦倒却不贪恋权力的人，实在难得一见。当然，姜夔也不是纯粹拒绝权力，他曾向朝廷进献《太乐议》《琴瑟考古图》，后又上疏《圣宗饶歌鼓吹》。姜夔对音乐事业的关注让宋宁宗极为叹赏，于是得到免解[①]参加公务员考试的礼遇，遗憾的是姜夔没有考中。最终，姜夔在江湖漂泊了一辈子，仍是草根一族，他是布衣大词人。

姜夔晚年寓居武康时，与白石洞天为邻，有个叫潘转翁的家伙，称他为“白石道人”。姜夔写了一首诗来答：“南山仙人何所食，夜夜山中煮白石。世人唤作白石仙，一生费齿不费钱。”表面自嘲“一生费齿不费钱”，其实字句凝重，日子苦不堪言。晚年，姜夔朋辈凋零，生活益加凄苦，最终病卒于客店，竟无钱下葬，不能殡殓。幸得友人捐助，他才被葬于钱塘门外。朋友哭姜白石：“除却乐书谁殉葬，一琴一砚一兰亭。”一代词人落魄如此，令人心酸！

文天祥：百劫炼狱正气歌

暖风游人杳无踪，江山半壁若残萍。
徒将金戈扶社稷，空余丹心书汗青。
百劫炼狱正气歌，千古俎豆节烈风。
死为厉鬼犹击贼，一阅指南涕泗零。

①免解：举人获准不经解试(荐名于朝廷的地方考试)，直接参加礼部试，称“免解”。

文天祥是一位“敢于直面惨淡的人生，敢于正视淋漓的鲜血”的真的猛士。他是江西吉州庐陵人，据说他出生的那晚，他爷爷梦见一个天使般的小孩带着万道霞光从天上层层叠叠的彩云间快速地向文家飞来，惊醒后正是文天祥呱呱坠地之时。文天祥年少时，某次见到庐陵学宫的祠堂内供奉着欧阳修、杨邦、胡铨三位皆被朝廷谥为“忠”的乡贤，非常羡慕，说“没不俎豆其间，非夫也”。就是说我如果死后不置身于那些受后人祭祀的忠臣之间，就不是大丈夫。18岁时，文天祥获庐陵乡校考试第一名；20岁，皇帝亲自定他为状元并高兴地说：“天之祥，乃宋之瑞也。”但他一踏入仕途，就表现出刚正不阿的个性。25岁时，就上疏请斩主张迁都四明以避敌的宦官董宋臣；34岁时，又上书直斥宋度宗重用权相贾似道。皇上一生气，让他回老家种地去了。

这时，蒙古铁蹄已经在杭州城外响起。大宋王朝被赵家子弟折腾得濒临倒闭，于是朝廷想起了草根文天祥。文天祥当官了，还当了大官——右丞相兼枢密使。但这官不是他祈求来的，而是血与火的历史托付给他的。刚做了四天的右丞相，文天祥就作为宋朝代表去与元军和谈。文天祥进行了不屈不挠的抗辩，结果被元军扣留。很快，大宋王朝坍塌了，皇帝太后举手了，文武百官下跪了，庶民百姓顺从了。但文天祥仍然辗转万里，九死一生，在绝望中顽强反抗。

文天祥被俘虏后，在押往北方的途中一路写诗。他的战友——庐陵人王炎午沿路为他生祭，张贴了数十份《生祭文丞相文》，疾呼："大丞相可死矣！"敦促他舍身取义，保全大节，给缺钙的大宋留一点面子。文天祥一路上服过毒、绝过食，决心以死殉节，但这棵脆弱的苇草偏偏死不了。我们只能这般理解：中华民族还要从他的精神里吸收更多的钙质。在元大都燕京近四年的囚徒生涯中，皇帝劝他投降，宰相劝他投降，甚至将他夫人和两个女儿作为要挟劝他投降，但文天祥一概不为所动，他用自己的生命书写了"人生自古谁无死，留取丹心照汗青"的诗句，书写了气贯长虹的《正气歌》。1283年1月9日，文天祥挥笔写下了"唯有一腔忠烈血，碧空长共暮云愁"的诗句，然后掷笔于地，从容走向刑场，时年47岁。他临终前留下的《衣带赞》，写道："孔曰成仁，孟曰取义，唯其义尽，所以仁至。读圣贤书，所学何事？而今而后，庶几无愧。"真是上可比嵇康的《广陵散》，下可比谭嗣同于菜市口的绝唱，连忽必烈也惋惜地说："好男子，不为吾用，杀之诚可惜也。"

第五编　咏明清书生墨客

关汉卿：长留曲香漫九州

砧锤不烂铜豌豆，梨园浪子称班头。
瓦舍碧血湿青衫，勾栏粉墨挥长袖。
千秋情贯风尘累，六月雪飞窦娥愁。
戏尽世间炎凉事，长留曲香漫九州。

历史上的文化名人特喜欢自喻，如李纲把自己喻为“但得众生皆得饱，不辞羸弱卧残阳”的病牛；陆游把自己喻为“零落成尘碾作泥，只有香如故”的梅花；文天祥把自己喻为“臣心一片磁针石，不指南方誓不休”的磁针石等。关汉卿对自己也有一喻：铜豌豆。他形容自己：“我是个蒸不烂、煮不熟、捶不扁、炒不爆、响当当一粒铜豌豆，恁子弟每谁教你钻入他锄不断、斫不下、解不开、顿不脱、慢腾腾千层锦套头。我玩的是梁园月，饮的是东京酒，赏的是洛阳花，攀的是章台柳。我也会围棋、会蹴踘、会打围、会插科、会歌舞、会吹弹、会咽作、会吟诗、会双陆。你便是落了我牙、歪了我嘴、瘸了我腿、折了我手，天赐予我这几般儿歹症候，尚兀自不肯休。则除是阎王亲自唤，神鬼自来勾，三魂归地府，七魄丧冥幽。天哪，那其间才不向烟花路儿上走。”

老关在这段说辞中嬉笑怒骂、无所忌惮地称自己是个“铜豌豆”，后人理解为“对元代黑暗社会的强烈反抗”，表现了老关顽强不屈地反抗不合理封建礼法的坚韧性格。如此理解和老关的本意是否有点儿风马牛不相及呢？还是留给专家考证吧。但这倒正符合保罗·德曼、德希达、米勒等解构派批评家的名言：“一切诠释都是错误的诠释。”我无论怎样细读怎样探究也找不到老关的“反骨”，反倒觉得面前是一个有很浓的无赖味的大浪子、老顽童。

但关汉卿这个“顽主”留给后人的资料太少了，只能从零星的记载中窥见其大略。关于关汉卿的籍贯，有祁州（今河北安国市）、大都（今北京市）、解州（今山西运城）等不同说法。他是一位熟悉勾栏技艺的戏曲家，《析津志》说他“生而倜傥，博学能文，滑稽多智，蕴藉风流，为一时之冠”。明代臧懋循《元曲选·序》说他“躬践排场，面敷粉墨。以为我家生活，偶倡优而不辞”。关汉卿在元代前期的杂剧界是位领袖人物，是玉京书会里最著名的书会才人。有本叫《录鬼簿》的书说他是“驱梨园领袖，总编修师首，捻杂剧班头”，可见老关是集编剧、导演、演员为一身的戏剧界大腕。该书还记载，“关汉卿，大都人，太医院户，号已斋叟”，这“医户”是元代户籍之一，属太医院管辖。

因此，有专家推测，关汉卿很可能是元代太医院的一个医生。医生似乎和作家有某些隐秘的关系，出于一个医生职业的眼光，关大夫面对社会时，很容易把社会看成一个“病态”的社会，所以他写《窦娥冤》等剧目估摸也是为了解剖病态的社会，以引起人们的注意。自从关汉卿的名剧《窦娥冤》问世以来，“窦娥”就成了后世冤案、冤魂的代名词，“我比窦娥还冤哪”成了老百姓喊冤叫屈的经典名言了。

王实甫：西厢依旧飘暗香

普救古刹早成荒，西厢依旧飘暗香。
学迈怀蛟神灵助，才过梦鸟造化帮。
翻唱旧曲雅兴浓，巧编新剧典韵扬。
巫山游云沧海水，天下情人皆成双。

《西厢记》曾是一部被扣上“诲淫诲盗”大帽子的书，王实甫善于描写男女偷情私会的情形，导致许多情窦初开的青涩男孩女孩看了《西厢记》之后，就起了“邪思淫念”，连《红楼梦》中的贵族小姐林黛玉也躲到僻静的地方看得如痴如醉。不用说张生，就是铁生、石生等小后生，处在春暖花开、月满西厢的朦胧之夜，都禁不住“临去秋波那一转”。尤其是古代有钱人家的怀春少女，读了西厢，当下顿悟，园墙如果不修得高一点，墙头不插上碎玻璃，拉上铁丝网，难免都跳了出去。不过，麦克·阿瑟说过：“只有违反纪律，才能让你出名。”崔莺莺，也只有跳墙才能出名。

王实甫将唐代才子元稹的自传体传奇小说《会真记》，从董解元《西厢记诸宫调》的窠臼中拆解出来，重新编织，居然完成了元杂剧的扛鼎之作。王实甫还发出了振聋发聩的口号：“愿普天下有情人都成眷属！”元稹的小说为什么题为“会真”呢？国学大师陈寅恪曾在《元白诗笺证稿》中解释：庄子称关尹老聃为博大真人，后来因有真诰真经诸名，故“真”字即与“仙”字同义。在唐代语境中，“真”或“仙”指美貌女子，“会真”讲的就是元才子的一次艳遇。经王实甫演绎，张小伙和崔姑娘的艳遇故事便发生在了后花园。呵呵，后花园——连《红楼梦》中的贾府没文化的老太太也厌烦了这种“私订终身后花园，落难公子中状元”的套路了。

然而这样一部世界名著，其作者王实甫的生平资料却知之甚少。钟嗣成在《录鬼簿》中说他“名德信，大都人”。这样我们知道王实甫的祖籍是河北保定。他的父亲王逖勋曾跟随成吉思汗西征至西域，“赠通议大夫、礼部尚书、太原郡侯”，官做得不小，娶的是信仰伊斯兰教的阿噜浑氏为妻。阿噜浑人是色目人之一种。所以，王实甫应该是一个混血儿。王实甫在中年时一头扎进关汉卿的“玉京书会”，一门心思要当专业戏曲作家。他的儿子王结也是地位显赫的中书参知政事，觉得父亲不务正业，曾劝解父亲不要涉足这些娱乐场所，免得狗仔队弄出绯闻，自己脸上也无光。但老王已经不可能放弃他的戏曲创作了，儿子也无可奈何。王实甫最终创作出了“天下夺魁”的《西厢记》。如果少了《西厢记》，元杂剧的“黄金时代”大概就变成“白银时代”了。

罗贯中：笔承春秋写忠奸

事实七分虚构三，罗公妙手巧拨弹。
天下分合黎庶苦，江山毁兴英雄欢。
胸藏韬略忧治乱，笔承春秋写忠奸。
老读三国破天机，不效厚黑成事难。

中国章回体小说的鼻祖罗贯中犹如飞鸿过雪泥，留下的足迹太少了。《录鬼簿》中有寥寥数语："罗贯中，一名罗本，生于元末明初，山西太原人。"而现代有人考证罗贯中是山东东原人，《三国演义》的古本明明写着作者是"东原罗贯中"。其实，罗贯中自号为"湖海散人"，这个称号本身就寄寓着漫游江湖、浪迹天涯的意味。

读《三国演义》，不能不承认罗贯中是个超级智慧的大作家。《三国演义》被看成是形象的武经和精彩的智慧书，连明末清初的文学批评家毛宗岗亦称叹："《三国》一书，直可作武经七书读。"据说满清入关一直把《三国演义》作为经典教科书使用，努尔哈赤就是按照诸葛亮"八阵图"的方位建立了女真精兵八旗。《三国演义》也是中国的权术大全，机谋、权谋、阴谋的集大成者，它展现了中国权术的各种形态。胸中没有三韬五略，身上没开七窍八脉，笔下没有十拿九稳的才华，谁敢驾驭这么宏大的题材？谁敢开创“七分事实，三分虚构”的历史小说先河？这部小说的母题就是“战争与人才”，给人最深刻的启示就是得人才者得天下，失人才者失天下。在《天下无贼》中，黎叔有句经典名言：“二十一世纪最重要的是什么？人才。”其实这句话早在三国时代就被各路豪雄奉为神明，尤其是在冷兵器时代，人的因素所起的作用更直接，也更全面，这才有了曹孟德赤脚见许攸、刘皇叔“三顾茅庐”等佳话。甚至连大学者胡适也曾说：如果空城计里没有诸葛亮，长坂坡上没有赵子龙，那将是一个令人十分扫兴的场面。

《三国演义》展示的时代是一个智慧发展到高峰的时代，又是一个阴谋发展到相当程度的时代。其带来的副产品就是厚黑学的盛行——脸皮不厚、心肠不黑，办不成大事。中国人将很多智慧都集中在“琢磨人”上，所以谋略文化盛行。谋略文化就是用最大的恶意揣测对手，最大限度地利用对手的弱点来以假乱真、欲擒故纵、金蝉脱壳、借刀杀人……一句话：为了目的，不择手段。其核心凸显一个“诈”字。风靡几百年的《三国演义》或许起到了潜移默化的作用。其实，古人对此早有认识，因此民间有一句既朴素又深刻的劝诫：“少不读《水浒》，老不看《三国》。”这或许是一种教人自救的智慧吧。

施耐庵：千粹文笔翰苑冠

施公行状已茫然，全假水浒万口传。
一洗盗名好汉颂，千粹文笔翰苑冠。
杏黄旗悬行天道，碧血剑横杀赃官。
逼民为寇启后世，治国定要先治贪。

古代写小说没有什么著作权法，也与经济效益没多少关联；而且弄不好还会因文字而被送进监狱，所以小说作者常常不署自己的名字，顶多写个别号。如《金瓶梅》的作者署名是“兰陵笑笑生”，所以古典小说留给后世许多难解之谜。《水浒传》的作者施耐庵的出身就是一个难以破解的谜，甚至《水浒传》是施耐庵还是罗贯中写的，各路专家都争辩四百多年了，至今也没弄清楚。

苏州大才子金圣叹曾另辟新说，力主《水浒传》前七十回是施耐庵撰写，后面是罗贯中续的。所以他“腰斩”了《水浒传》。《水浒传》绝对是部“才子书”，《水浒传》成书以后，就以多种版本流传于民间，流传于全世界。法国版本的书名被译为《中国的勇士们》，德国为《强盗与士兵》，英国为《水边的故事》。这几个题目中我觉得《水边的故事》比《水浒传》

好，《水浒传》的“浒”字恐怕没几个人知道是“水边”的意思，弄不好还以为是盛水的“水壶”呢。

旧版电视剧《水浒传》的主题歌是“好汉歌”。《水浒传》确实是一部写下层平民好汉的书。有朝廷就有水浒，有官场就有江湖，《水浒传》也是一部快意恩仇的江湖书。在《卧虎藏龙》里，白面狐狸对玉娇龙说：“这就是江湖，很血腥，也很刺激。”《三国》善写打仗，而《水浒传》善写打架，没准施耐庵就是一个爱在街头打架的高手。当然，现在也有学者对《水浒传》的“暴力崇拜”进行了严厉批判，认为梁山好汉的暴力行为多是与法制为敌的恐怖主义暴力行径，梁山集团是个仇恨社会的暴力集团。实际这个集团的很多成员也不是被“逼”上梁山的，一些武艺平常之人常常是自愿加入的；而一些有本事的牛人倒是被骗上的、拉上的。

我小时候读《水浒传》时总感觉梁山里面的很多头领算不得好汉，有些头领其实就是有些特长而已。《水浒传》还有一个明显的缺陷，就是不写爱情，不谈美女。金圣叹认为施耐庵写《水浒传》只是因为自己衣食无忧，闲着没事，所以弄个题目显露才华，写来玩玩，没准备写成畅销小说，所以他没有悟透“爱情”在文学作品中的伟大作用。爱情就像味精，现代作家无论写什么都必须加上爱情调味品，如果加少了味道还不鲜。

米兰·昆德拉曾说过：一个作家的责任不仅在于描述生活里发生了什么，更在于告诉读者生活的背后隐藏着什么。《水浒传》背后就隐藏着“乱自上作，败从下生”的社会现实，“逆淘汰”的官场机制让踢球的高俅做了太尉，写字的蔡京当了宰相，端茶倒水的太监童贯当了枢密使。这不受制约的权力给和谐社会带来了多么严重的后果啊！

吴承恩：醉墨独舞射阳簃

弄假谁能不当真，凡夫未必悟性空。
醉墨独舞射阳簃，猎奇长思蓬莱宫。
鬼怪贪念遭果报，猢狲禅心脱红尘。
人生恰如西游记，取得佛经大道通。

《西游记》是一部滑稽有趣的书，也是一部严肃认真的书。现在有一则流传甚广的短信：“《西游记》告诉我们，凡是有后台的妖怪都被接走了，凡是没后台的都被一棒子打死了。”诚哉斯言！《三国演义》《水浒传》《红楼梦》都有过很多“阅读禁忌”，什么少不读《水浒》，老不看《三国》，什么男不读《红楼》，女不看《西厢》等，唯独《西游记》是老少咸宜，男女皆可，古今中外通通能看。能写出这么一部有情趣有思想的小说，作者也应该是一个有情趣有思想的人。

吴承恩，字汝忠，号“射阳山人”，他的书斋叫“射阳簃”。“簃”字是阁楼旁小屋的意思。吴承恩生于江苏淮安，但确切的生卒年月也是个谜，万幸的是他的诗文集《射阳先生存稿》流传下来，我们可以从中寻找到他生平的一些蛛丝马迹。他的存稿中有一篇他写的《先府君墓志铭》，让我们后人略知他的家世。小吴的爷爷和父亲都在县教育局工作，担任过教育局局长之类的职务，故而小吴家是地道的书香门第。父亲为他取名“承恩”，是希望他能考上国家公务员，上承皇恩，下泽黎民，一辈子有一个摔不破的金饭碗。虽然小吴“髫龄即以文鸣于淮”，精于绘画，长于书法，爱好填词度曲，对围棋也很精通，还喜欢收藏名人的书画法帖，可就是对应试八股不开窍，所以一直没有实现父亲的期望，在科举场上屡不得志，考了多次竟然连个举人都没考中。看来不论古今，考试总是“不求文章中天下，只求文章中试官”。

据说吴承恩特别喜欢阅读神仙鬼怪、狐妖猴精之类的书籍，也就是说他有创作《西游记》的慧根。《西游记》中的故事取自佛书，写的是由唐僧师徒四人及白马组成的取经小分队到西天取佛经的故事，所以《西游记》也可以说是一本佛书。佛教对宇宙观和方法论的认识用图示法表示就是一个“圈”，代表一个“空”。在《西游记》中，得到佛学真谛的和尚叫“悟空”。为何将其安排为猴子呢？大概吴承恩早在达尔文之前就悟到人是从猿猴进化而来的，呵呵，开个玩笑。俗话说“心猿意马”，好动难静，猴子只有“遁入空门”，才能修炼成佛吧？最后取经取回了什么呢？无非是白纸一叠，也是“空”。端的是“万般法术皆小技，唯有空空是大道”。当然，《西游记》中最有人缘的应该是猪八戒吧，也许因为这个呆子身上的缺点也正是我们每个人身上都会有的缺点吧。有研究者曾说，如果对《西游记》这部佛书有所领悟，则“在儒即可成圣，在释即可成佛，在道即可成仙”——或许是对的。

冯梦龙：三言描摹众生相

吴下墨憨其犹龙？追逐浮名终成空。
穷搜残本欲警世，巧编俗事论奸忠。
三言描摹众生相，四异纷呈世态情。
拟话新奇传世久，更引濛初①拍案惊。

在中国明代，有一个叫冯梦龙的故事大王很擅长撰写一些通俗故事。这些故事可以供老百姓茶余饭后解个闷逗个乐，不像《诗经》《楚辞》那样高雅，否则，就不叫故事了。

冯梦龙，字犹龙。他的名字有点儿讲究，“梦”是他的辈分，而“龙”寄托着父母望子成龙的意思。“犹龙”就更有深意了。孔子对老子非常崇拜，曾告诉弟子们说：“老子，其犹龙

①濛初：即凌濛初，明代文学家、小说家和雕版印书家。其著作《初刻拍案惊奇》与《二刻拍案惊奇》与冯梦龙所著《喻世明言》《警世通言》《醒世恒言》合称为“三言二拍”，是中国古典短篇小说的代表。他还创作过杂剧九种，有《虬髯翁》《北红拂》等。

邪！”意思是说老子就是见首不见尾的神龙。冯梦龙的字号颇多，有墨憨子、墨憨斋主人、姑苏词奴、顾曲散人、茂源外史、平平阁主人等，我以为“墨憨子”最为可爱。“憨子”就是傻子的意思，冯梦龙自嘲是个要笔杆子的傻子，很傻很天真。他是江苏苏州人，少年时就很有才气，哥哥冯梦桂是画家，弟弟冯梦熊是太学生、诗人。他们兄弟三人被并称为“吴下三冯”。冯梦龙年轻时一直刻苦研读“四书五经”，尤其是对《春秋》的研读取得了相当可观的学术成果，编著了《春秋衡库》《麟经指月》《春秋定旨参新》等科考辅导教材，抱着“一切为了考生，为了考生的一切”的宗旨，讲授科考技巧，很受学子欢迎。在他的指导下，许多青年学子一举中第。然而他自己却官运不达，屡战屡败。直到57岁，冯梦龙才补了一名贡生，端的是只有状元徒弟，没有状元师傅啊！冯梦龙在61岁时被选任福建寿宁知县，但是只做了四年县太爷。

冯梦龙是讲故事的好手、编传奇的专家。他精力旺盛，连编带改，三下五除二能完成一篇小说。兴之所至，他也自己动手写几篇过过瘾。他讲的故事很俗，但俗出了名堂，俗出了精彩，俗得让广大读者青睐，俗得流传后世。单是《喻世明言》《警世通言》《醒世恒言》这三部书，就令他名声大噪。另外，冯梦龙这位“主编”，还编纂了四部笔记小品，即《智囊》《谈概》《情史》《笑府》，后世将之合称为冯梦龙“四大异书”。尤其是《情史》，可谓是吹响了古往今来痴男怨女的“集结号”。他曾搜集民间情色小调儿，集结成民歌选粹集《挂枝儿》《山歌》，估摸销路也不错。如果没有他的辛勤劳作，那些到明代已散佚殆尽的宋元话本以及在民间流传的歌谣、笑话、戏曲，也许就都自生自灭了。作家冯唐曾说：“虽然数量不等于伟大，但是数量反映力量。”冯梦龙整理、编辑的东西足可等身，实可与孔子删定《诗经》的意义并肩媲美！

张岱：半生苍凉半浮华

半生苍凉半浮华，陶庵梦忆怅朱家。
曾痴雪满湖亭路，亦酣月明曲苑葩。
破卷缺砚书石匮，折鼎病琴披乱发。
残山剩水遗民泪，幽怨一腔对梅花。

“纨绔子弟”不是一个好词，似乎和“花花公子”是同义词，又有点类似今天所说的“富二代”。其实，当一名正宗的纨绔子弟并不是一件轻松的事儿，你看看纨绔子弟张岱为自己写的墓志铭里的这段自白：“少为纨绔子弟，极爱繁华。好精舍，好美婢，好娈童，好鲜衣，好美食，好骏马，好华灯，好烟火，好梨园，好鼓吹，好古董，好花鸟，兼以茶淫橘虐，书蠹诗魔。”可见纨绔子弟也是分品位的，张岱就属于大师级的纨绔子弟。后人评价他：“深谙园林布置之法；既懂音乐，又擅弹琴、制曲、品茗、戏曲；古玩收藏及鉴赏水平皆高。”他堪称吃喝玩乐，门门拿手；经史子集，样样精通。

张岱不但喜欢玩，而且玩出了水平；他还喜欢写，而且内容广泛，他的名著《夜航船》其实就是一部百科全书，分为天文、地理、人物、考古、政事、文学、物理、方术等二十大类，共四千多条目，全部为他所收集和写作。所有明朝时期的事物在里面都有个说法！他不但喜欢写，而且写得好，不是那种一脸严肃的好，而是好得有点儿赖皮。大凡风花雪月、山水园林、花鸟鱼虫、文房四宝、书画丝竹、饮食茶道、古玩珍异、戏曲杂耍、博弈游冶，他都能信手拈来，写得行云流水。张岱是性情中人，文字简洁干净，读过《湖心亭赏雪》的人，对此一定深有体会。

美国有一位研究中国历史的汉学家，叫史景迁。“史景迁”，就是“景”仰太“史”公司马“迁”的意思，多富有想象力的名字啊！他写了一本关于张岱的书《前朝梦忆：张岱的浮华与苍凉》，以独特的视角、不同一般的“讲故事”的方式介绍了张岱。张岱生不逢时，见证了明代的“末世”。这让他一生先后经历了“浮华”和“苍凉”两种处境，一生都交错摆荡在“梦”与“忆”之间。清兵入关，明朝灭亡，张岱的别墅、家园、收藏等悉数毁于战火。放不下繁华的张岱撇去所有家当及三万册藏书，回归曾经繁华的老家绍兴龙山。其时张岱不愿做满人打扮，故披发入山，状如野人，与“野人”身份相称的是他修撰“野史”的工作，他花三十年时间完成了三百余万字的

《石匮书》，以期最终厘清明亡的意义。孔尚任在《桃花扇·哀江南》中有词曰："眼看他起高楼，眼看他宴宾客，眼看他楼塌了。"张岱见证了无限的美、无限的繁华、无限的精致复杂，见证了缓缓降临的浩大的宿命。国破家亡，流离山野，穷至断炊，困到担粪，但张岱还有梦，还有故国故园之思。"繁华靡丽，过眼皆空"，所以痴相公说梦，有了《陶庵梦忆》，有了令今人唏嘘的文字。

曹雪芹：传神文笔惊宇宙

女娲补天遗石头，传神文笔惊宇宙。
世间万事好便了，人寰亿兆无作有。
善解荒唐唯脂砚，硬钻牛角皆名流。
读罢红楼恨未消，几回掩卷叹曹侯。

《红楼梦》的抄本在乾隆年间横空出世，震荡九州，流布海外，出现了"家家喜闻，处处争购"的盛况，以至于有"开卷不谈《红楼梦》，纵读诗书也枉然"的说法。据说毛泽东在长征途中，许多书都丢了，仍保留着一部《红楼梦》，并称它是"中国封建社会的百科全书"；而且他还特喜欢拿《红楼梦》说事儿。近现代众多名师大家也莫不染指红楼：蔡元培、王国维、鲁迅、胡适、俞平伯、张爱玲、周汝昌，以至于今天的刘心武、王蒙等。还真让鲁迅先生说准了：“一部《红楼梦》，道学家看到的是淫，经学家看到的是易，才子们看到的是缠绵，革命家看到的是排满……”新奇观点此起彼伏，层出不穷，以至于形成一门“红学”。

如果说《水浒传》写的是男人的天地，那《红楼梦》写的就是女人的世界。这两部小说，一个是弹铜琵琶，用摇滚唱腔吼着“大江东去”的豪放派；一个是执红牙板，歌喉婉转地唱着“杨柳岸，晓风残月”的婉约派。《水浒传》也写女人，但写的漂亮女性全是荡妇，阎婆惜、潘金莲、潘巧云三大美女都被梁山好汉杀掉。而革命妇女母夜叉孙二娘、母大虫顾大嫂，听听绰号就不是善茬，都是黑社会的“大姐大”。《红楼梦》里也有男人，像宝玉这样“保护妇女合法权益”的男人确实不简单。怪不得巴蜀怪才魏明伦在荒诞川剧《潘金莲》中说：“关二爷武二爷，我潘金莲为何就碰不上一个宝二爷。”《红楼梦》中有一妙喻：女人结婚前是珍珠，结婚后就变成鱼目了。这部小说不仅是女性的颂歌，也是女性的悲歌。宝玉和黛玉上演了一场有情人终难成眷属的悲剧，而宝玉和宝钗又上演了一出没有爱情的婚姻悲剧。大观园里的爱情就像水中月、镜中花，曹雪芹满纸写的都是爱情的荒诞和荒唐。

我总觉得上帝派曹雪芹到世上走一遭，就是来写《红楼梦》的，不然的话，曾经的纨绔少爷，现如今住着竹篱茅舍，用着瓦灶绳床，吃着稀饭窝头，想喝壶小酒还得如孔乙己一样到店掌柜那儿赊去；却历尽寒暑，“批阅十载，增删五次”，写出了这部他有生之年还排不成铅字的小说，一没有稿费，二没有名声，为什么？这部巨著耗尽了曹雪芹毕生的心血，全书尚未完稿，他却悄悄“泪尽而逝”，神秘得像阿根廷作家博尔赫斯的一句话：仿佛水消失在水中。曹雪芹留下的《红楼梦》就如断臂的维纳斯一样，引得后世之人都想为之续上“双臂”，这就有了数不清的《红楼后梦》《红楼梦影》《红楼圆梦》《红楼补梦》等，可是安的都是“假肢”。据说现在四川也有一位“红学美眉”在网上连载续作《梦续红楼》，据说已得到出版社的青睐。也好，是戏不是戏，各自取乐意，权当写着自己玩玩罢了。

蒲松龄：青灯疾书鬼狐史

萤虫吊月秋蛩吱，豆棚瓜架独冥思。
贫如颜回陋巷乐，才比干宝搜神痴。
寒斋懒吟八股文，青灯疾书鬼狐史。
尝尽人间风霜苦，故怀忧愤作楚辞。

蒲松龄有两句很有名的诗：“新闻总入鬼狐史，斗酒难消块垒愁。”他晚年所著的《聊斋》就是一部“鬼狐史”，但他写的鬼狐并不可怕，鲁迅说《聊斋》写的“花妖狐魅，多具人情，和易可亲，忘为异类”。记得大学读书时有一同学乃聊斋迷，常说读《聊斋》最好在秋夜，夜空湛蓝，月色朦胧。一人独卧村头老屋，短垣旁虫声唧唧，老屋内烛光幽幽，窗外偶尔掠过清风，树影绰绰，飒飒有声，若有精灵倏忽而去……他还自诩晚上常常不关窗子，希望有狐女来幽会，演一出现代版的《狐梦》，但一觉醒来总有“狐女不曾来入梦”的遗憾。

中国文学研究所所长杨义说过，在中国古典文言短篇中，《聊斋志异》称得上是真正意义上的“第一才子书”。这位大名鼎鼎的才子蒲松龄，字留仙，号“柳泉居士”，世称“聊斋先生”。蒲松龄生于山东淄川蒲家庄，据他在《聊斋自志》中讲述：自己诞生之夜，父亲梦见一个病和尚，右乳贴着铜钱大的一个膏药进入蒲家内室，陡然惊醒，自己便呱呱坠地，右乳上果然有铜钱大的黑痣，所以字“留仙”。看来蒲松龄是仙人投凡啊！蒲松龄和别的天才少年不同，他自幼体弱多病，延迟到11岁才开始认字，而且还爱看闲书，仅上了八年学，就在县、府、道三场考试中连续夺魁，声名鹊起。

好像小蒲得志早了点儿，他在后来的科考中屡考屡败，屡败屡考，甚至离开蒲家庄到五十里外的青云寺进行封闭式训练，还写了一联激励自己：“有志者，事竟成，破釜沉舟，百二秦关终属楚；苦心人，天不负，卧薪尝胆，三千越甲可吞吴。”蒲松龄在三十年的时间里参加过十次左右乡试，次次落榜。他在48岁那年又上考场，天时地利都齐备，本以为十拿九稳，结果坏就坏在文思泉涌上，他洋洋洒洒一气呵成，回头一看天塌地陷，犯了闱中越幅[1]的错误，被取消了考试资格。蒲松龄在51岁时又参加了乡试，这时他的名声已经很大了，头场考罢，已经被内定为头名解元，但在两场考试之前蒲松龄突然病倒难行，只得作罢。直到71岁，蒲松龄才由州里推荐到国子监学习，做了一名老贡生，相当于今天北大的“保送生”，真是“苦心人”啊！

蒲松龄在屡试不第后，到毕府做了教书先生，自嘲为“半饥半饱清闲客，无枷无锁自在囚”。但他三十年教书生涯教出来的学生，居然无一人通过乡试，看来蒲老师要是在现代学校里，照样评不上“三优名师”，上个高级职称恐怕都困难。蒲老师50岁后似乎意识到了自己的使命所在，这才发愤著《聊斋》。他在《聊斋自志》里说：“披萝带荔，三闾氏感而为骚；牛鬼蛇神，长爪郎吟而成癖。……集腋为裘，妄续幽冥之录；浮白载笔，仅成孤愤之书；寄托如此，亦足悲矣！”他的这部小说和屈原的《离骚》一样是忧国忧民之作。这部小说在他晚年已不胫而走了。蒲松龄留给后人一部狐鬼幻史，在76岁时寿终正寝。

①闱中越幅：中国古代科举考试用语。考生所答试卷有一定的格式。卷面有红线画出的横直格，每页的行数及每行的字数均有规定，如越行、越格随意书写即为越幅。凡越幅者，即以违式论，试卷贴出，不予录取。

龚自珍：满肚块垒问不平

老为名士少愤青，满肚块垒问不平。
说剑慷慨歌当哭，吹箫幽怨诗寄情。
神州马喑呼风雷，江南梅病悯书生。
屠狗功名雕龙卷，扬手撒作纸蝶轻。

龚自珍是名副其实的大才子。他博学多才，在经学、诸子学、史学、地理学、文字学、金石学以及佛学诸方面都有研究，写篇散文、诌个绝句都是小菜一碟。而且他还很有政治、军事才干。柳亚子曾赞誉他为“三百年来第一流，飞仙剑客古无俦”。但龚自珍也有不少臭毛病：嗜赌博、吃花酒、说怪话、骂粗话。

龚自珍出生在杭州的诗礼簪缨之家，母亲段驯是曾作过《说文解字注》的文字学大师段玉裁的女儿，有这样的家学渊源，龚自珍自幼便受惠良多。段姥爷曾评价外孙：“吾且耄，犹见此才而死，吾不恨矣!”小龚自然是意气风发，结果他从18岁参加科考，经过四次乡试，六次会试，直到38岁才跻身进士行列。但殿试的结果，差点没让他姥爷气晕过去，落榜的理由是：字写得太烂。此后龚自珍虽进官场，但官运平淡，最高做过从六品的官职，“从”是副职的意思，相当于今天的副县团级。风流倜傥的龚才子颜值可不高，“广额巉颐，戟髯炬目。兴酣。喜自击其腕。善高吟，渊渊若金石”。他额头宽大，两腮瘦削，一张尖脸上胡须纷乱。眼睛很小，但贼亮贼亮的；嗓门特大，他在哪儿，哪儿就有疯狂汉语。而且他身材矮小、瘦削，“性不喜修饰，故衣残履，十年不更”。甚至婚后也是这副样子，据说他这是仿效王安石的风韵。段姥爷曾告诫外孙要“努力为名儒，为名臣，勿愿为名士”，龚自珍却偏偏做了名士。他才华横溢，然而一生沉沦，抑郁不得志，他的诗句“怨去吹箫，狂来说剑”形象地揭示出他内心的矛盾。剑往往象征着慷慨激昂、报国从军的雄心，而箫则象征着文人的不平之鸣。正所谓：“沉思十五年中事，才也纵横，泪也纵横，双负箫心与剑名。”

“名父多出败子”，龚自珍的儿子龚橙，绝顶聪明，但又是绝对的顽主。他不但饱读诗书，兼识满、蒙等多种文字，且爱发牢骚和狂傲也远胜其父一筹。龚橙自号“半伦”，意即除了自己的小老婆，其他什么人都不爱。他每读父亲的文章，一定要将父亲的神主牌放在一边，手拿木棍，读到他认为不对的地方，就一棍敲在神主牌上，斥道：“你又错了。”龚橙也真是有个性！

第六编　咏现代学者大家

梁启超：笔挟风雷一世雄

崇陵变政大梦空，改良无计走瀛东。
胸存丘壑千秋士，笔挟风雷一世雄。
玉韵金声醒睡狮，惊神泣鬼震寰中。
渡河狂夫夕饮冰，忧国谁能似任公？

梁实秋在《记梁任公先生的一次演讲》中讲，梁任公先生在演讲前讲的一首短诗《箜篌引》：“公无渡河，公竟渡河！堕河而死，将奈公何！”让他印象深刻。大河在前，波涛汹涌。一切的一切都表明：不能渡，不该渡！渡河就是死亡，不仅是妻子清楚，甚至渡河的白首狂夫也很清楚，但他毅然决然去渡河。既然一切理由都告知渡河的荒诞，但把一千种不死的理由给他，却战胜不了一个死的冲动，任何哭泣呼喊都无法改变悲剧的发生。结果又回到原来的困惑上：到底是什么超越了死亡的力量？我觉得，梁启超就是这样一个决意渡河的狂夫。他曾是“戊戌变法”的领袖，经历了变法的许多动乱：追捕、逃亡……真是淋漓的鲜血，惨淡的人生。为了国家和人民，他已将生死置之度外，知其不可为而为之。难怪他要引用《箜篌引》，也难怪他对这首诗充满感触！

梁启超是广东人，出身于耕读世家。他是有名的神童，才华早秀，6岁学完“五经”，9岁能够写千字文章。对他来说，对对子、写八股文都是小菜一碟，人们出上联“东篱客赏陶潜菊”，他脱口而出“南国人思召伯棠”。别人在科举路上跌跌撞撞，他一路顺风，13岁成秀才，17岁成举人，这比今天考上清华、北大难度大多了。中举时的主考官认为梁启超是“国士无双”，竟然打破门第观念的束缚，把自己的堂妹许配给梁启超做妻子，这是中国人对一个人表示欣赏的做法。但在会试时大臣徐桐不喜欢梁启超广征博引、自由洒脱的文风，硬不录取。另一个主考官李文田还在梁启超的卷末批曰：“还君明珠双泪垂，恨不相逢未嫁时。”表明爱惜人才但又无可奈何的心情。

天才就是永不知疲倦的勤奋。梁启超晚年仍然十分勤奋，常常彻夜写作，几天就写一本书。他曾经将“万恶淫为首，百行孝在先”改为“万恶懒为首，百行勤为先”，作为自己的座右铭，同时劝勉弟子。在他50岁寿辰的时候，朋友撰写寿联：“每为天下非常事，已少人间未见书。”他笔下有“气吞万里如虎”的气势，令时人如醉如痴，趋之若鹜。以致时人教子都说：“为文当学梁任公。”他有一句广为流传的名言：“战士死于沙场，学者死于讲座。”他是病死的，其实也是累死的，他的病就是劳累过度而致的。1926年初，他发现尿中有血，到北京协和医院检查，诊断出一个肾病变。梁启超指定留美医学博士为他开刀。上了手术台后，医师却将左右弄反，竟将健康的肾脏取出，留下病变之肾脏。这起医疗事故后果十分严重，不仅使梁启超离世，也使那位实施手术的知名医生从此臭名远扬，贫穷潦倒，困辱而亡。真是医患双方的人生悲剧啊。

蔡元培：兼容诸子开风气

海归当年扬远帆，排满兴国压双肩。
兼容诸子开风气，并蓄细流育大贤。
学尊泰斗四海知，德崇完人九州传。
办学不识蔡孑民，虽建高楼亦枉然。

民国最著名的“四大教育家”分别有提倡平民教育的晏阳初[①]，创办南开中学与南开大学的张伯苓，开办中国第一个幼儿园——南京鼓楼幼稚园的教育专家陈鹤琴，再一个就是北大校长蔡元培。1940年3月5日蔡元培在香港病逝，蒋介石给蔡元培的亲属发唁电，称蔡元培之子蔡无忌为“世兄”，这说明蒋氏把蔡元培看成是可敬的长辈。毛泽东在向蔡元培致哀的电报中

①晏阳初：1890年出生于四川巴中，1918年由耶鲁大学毕业。早期开展平民教育运动，主张先教平民识字，再实施生计、文艺、卫生和公民等“四大教育”，培养平民的知识力、生产力、强健力和团结力，以造就“新民”。著有《平民教育的真义》《农村运动的使命》等。美国曾评选出“为人类作出革命性贡献的十大伟人”，其中就有晏阳初。晏阳初是这十大伟人中最年轻的一位，也是唯一的东方人。

对逝者盖棺论定，称蔡元培是“学界泰斗，人世楷模”，这评价可谓相当高了。

在蔡元培之前之后，北大的校长走马灯似的轮转了许多人，个个都是英才俊杰，但是只要一提起北大校长，人们首先想起的就是蔡元培，他是北大“永远的校长”。蔡元培既是一个理想主义气质很浓重的人，又是一个实干家。1917年1月4日，49岁的蔡元培乘坐马车缓缓地驶进北京大学的校门。在接下来的就职演讲中，他为现代中国的大学精神定下了一个恒久的基调：“大学是研究高深学问的地方，学生进入大学不应仍抱科举时代的思想，以大学为取得官吏资格之机关。应当以研究学问为天责。”他审时度势，提出了“囊括大典，网罗众家，思想自由，兼容并包”十六字箴言。这个光芒万丈的治学方针，如大海潮声，振聋发聩。自此，故宫脚下那个日渐沉沦腐败的原京师大学堂，渐成一块民族文化的“精神圣地”。

清华大学的校长梅贻琦曾有一句名言：“所谓大学，非大楼之谓也，乃大师之谓也。”蔡元培主持的北大不仅接纳了陈独秀、李大钊、胡适、梁漱溟、鲁迅等文化另类和“叛逆”者，还包容了黄侃、刘师培与脑后拖着辫子的清朝遗老辜鸿铭等传统文人与硕学鸿儒。各种文化思潮如乌云滚动中爆裂的雷电，相互碰撞，激荡交融，在中国的天空迸发出耀眼的火光。后来，蔡元培因不满北洋政府对学生的镇压和迫害而两次愤然辞职，并发布《不肯再任北大校长的宣言》，在宣言中表示：“我绝对不能再做不自由的大学校长。” 他生就一副典型的南方人矮小的形象，但骨子里却有北方汉子的那种刚直和血性。

蔡元培，字鹤卿，号孑民，出生于浙江绍兴府，是中国近代史上著名的教育家、思想家，他4岁就入诗塾读书，少年时曾在绍兴古越藏书楼校书，得以博览群书。封建社会的学子们，一生都围着科举考场打转，“去到考场放个屁，也替祖宗争口气”，蔡元培应当是很给祖宗争气的子孙。他17岁中秀才，23岁中举人，26岁成光绪皇帝御笔钦点的翰林，28岁补翰林院编修。后来几度留学法国、德国，致力于改革封建教育。如今，在北京大学未名湖畔，蔡元培一尊半身的铜像屹立在青松之间，永远凝视着这个校园。

鲁迅：荒原彷徨做狂人

一字胡须两眉横，长衫短卷意从容。
铁屋呐喊惊睡客，荒原彷徨做狂人。
笔凝剑气魑魅刺，身似黄牛孺子躬。
斯人早已绝尘去，不知何处可招魂？

伏尔泰要求死后将自己的心脏浸泡起来，并留下一句高傲的遗言：“这里是我的心脏，但到处是我的思想。”这句话用来形容鲁迅对我们这一代人心灵的熏陶和影响，十分恰当。

中学生里曾流行一则名为“三怕”的打油诗。“一怕文言文，二怕周树人，三怕写作文。”意思是说鲁迅的文章语言艰涩，主题深奥，难以理解。我在上初中时，很喜欢读鲁迅的文章，买全了鲁迅杂文的单行本以及几部小说集子。当时，我对鲁迅的文章虽然有很多读不大懂的地方，但却依稀可以感到他行文的气势以及用语的犀利。我在笔记本上摘录了不少鲁迅的名言警句，如：“我佩服会用拖刀计的老将黄汉升，但我爱莽撞的不顾利害而终于被部下偷了头去的张翼德；我却又憎恶张翼德型的不问青红皂白，抡板斧‘排头砍去’的李逵，我因此喜欢张顺的将他诱进水里去，淹得他两眼翻白。”这句子就像九曲黄河，七转八拐，令人必须集中注意力才能读明白，怪不得有人称鲁迅先生是个“转折句专家”。

赞扬鲁迅的人称他为“思想家”，称他是冰包裹着的烈焰；抨击他的人认为他具有绍兴师爷“尖酸刻薄”的笔法，就算是论述“拿来主义”，也不忘顺便讽刺一下做了富人女婿的邵洵美。他总是“不惮以最坏的恶意来推测中国人”，所以他的文章最常见的比喻是“投枪”“匕首”。他临终前最给力的一句话是“一个都不宽恕”。其实，被鲁迅骂为“狗”“乏走狗”“落水狗”的人，几乎都是当时的名流：章士钊、杨荫榆、胡适、梁实秋、林语堂、徐志摩、陈源、李四光、成仿吾、顾颉刚……这里面很多人家世比鲁迅深厚、学历比鲁迅显赫、为人比鲁迅谦和。但这就是鲁迅，具有战斗精神、思想深刻、忧国忧民的鲁迅。

胡适：文通新旧倡白话

谁解寡母课子心，海龟成龙知恩重。
文通新旧倡白话，学贯西中做启蒙。
多研问题赞誉希，少谈主义谤毁汹。
明月清风人去远，唯余芝兰馨香浓。

胡适是中国近代新文化启蒙学者，是真正的大作家、大学者。他出版了中国新文学史上第一部白话诗集《尝试集》，第一个用白话写作了独幕剧《终身大事》，还是新红学“考据派”的创始人，取代“索隐派”旧红学，在古典小说研究方面也卓然有成，结集为六十万字的《中国章回小说考证》等。不过胡适有个写半部的毛病，他的《中国哲学史大纲》只写了上册，而《白话文学史》又只写了上册。黄侃调侃他：“昔日谢灵运为秘书监，今日胡适可谓著作监矣。”人们不解其意，黄侃说：“监者，太监也。太监者，下部没有了。”25岁的胡适身居美国就在陈独秀主编的《新青年》上发表了著名的《文学改良刍议》一文，鼓吹白话文。陈独秀对小胡赏识有加，即向北大校长蔡元培力荐胡适到北大任教。26岁的胡适从美国哥伦比亚大学回国后就立即被聘为北京大学英文学、英文修辞学和中国古代哲学三科的教授，名声赫赫。

胡适的成就与他背后站着一位优秀的母亲分不开。史铁生说："一个明智的母亲，她自打当了母亲就得了灵感，她教育你的方法，不是来自于教育学，而是来自于她对一切生灵乃至天地万物由衷的爱。"胡适的母亲对儿子在为人方面的教育十分注重，这让胡适一生受益。梁实秋在怀念胡适的文章中特别指出，胡先生最爱写的对联是：大胆地假设，小心地求证；认真地做事，严肃地做人。我常惋惜，大家往往注意上联，不注意下联。胡适不光学问好，他的品行、道德也让人景仰。胡适教育学生："做学问要在不疑处有疑，待人要在有疑处不疑。""我的朋友胡适之"是当年流行的口头禅。

人们谈论胡适，常常和鲁迅并论。作家韩石山曾说读胡适的书是让人长见识的。他又说，多读胡适的文章，有益于世道人心，有益于年轻人的健康成长。但胡适的思想也有浅的一面，到老也是这一套，没什么长进。今天，胡适"多研究些问题，少谈些主义"的主张随着时间的流逝而越发熠熠生辉；他的"宁鸣而死，不默而生"的做人格言和知识分子的独立品质也值得人们学习。

郭沫若：豪情唱彻雷电歌

狂飙为谁从天落，如椽巨笔扫污浊。
天狗咆哮吞日月，凤凰涅槃浴烈火。
碧血染红棠棣花，豪情唱彻雷电歌。
灵感得来全不易，为求一字捻断须。

有句俗语叫“小子顽皮是好的，闺女顽皮是巧的”。大文豪郭沫若从小很顽皮，但才思敏捷。最出名的一则故事是他少年时在私塾读书，某次趁先生不在，和小伙伴一起钻过狗洞，到隔壁的庙里去偷吃桃子。老和尚知道了来告诉先生，先生便叫孩子们来问，并且出了一副上联：“昨日偷桃钻狗洞，不知是谁?”郭沫若思索片刻，对道：“他年攀桂步蟾宫，必定有我。”先生惊其才华，极为高兴，全体学生都被免予处罚。郭沫若对答的下联不仅与上联对仗工整，而且一语双关：昨天偷桃子的有我，将来出类拔萃的也有我。这大概也暗示着小郭同学具有诗人的天赋。

郭沫若确确实实是个浪漫主义诗人。他在少年时代就酷爱李白、苏轼的豪放而不喜欢杜甫的沉郁，在日本留学时则喜欢歌德、海涅、雪莱等人的诗作。郭沫若最具代表的诗歌是《女神》，此诗被称为“开一代新诗风的革命浪漫主义诗作”。北京大学教授温儒敏曾说："如果说鲁迅像一座山，深稳崇峻，郭沫若可以说是一片海，波涛汹涌，热情奔放。"我从小就被老师教育写诗需要灵感，老师讲的最典型的例子就是郭沫若写诗的故事。据说郭沫若灵感来袭时，激动得连笔都抓不住，他写《地球啊，我的母亲》时赤脚在操场上来回走动，甚至趴在地上感受地球母亲的怀抱。写诗的确是个艰苦的过程，古人不是一直说"为求一字稳，捻断三根须"吗？灵感来得并不容易，我们做任何事情还是离不开"勤奋"二字。

茅盾：子夜长歌黄浦潮

乌镇鸿雁万里程，如磐风雨等闲轻。
子夜长歌黄浦潮，晨曦礼赞白杨擎。
健笔纵横风云气，文卷潇洒四海名。
经霜枫叶胜春花，不负黎庶劳终生。

茅盾是中国现代文学史上鼎鼎有名的作家。我曾去他的故乡乌镇游览。那天清晨，小镇水汽氤氲，有点仙境的味道。走进乌镇长长的石板小街，感到一种清爽和宁静。曾有学者说过，在乌镇，每一脚都踩在历史上。据说，在这个小镇，历史上曾经出过64个进士，161个举人，以及如茅盾、沈泽民等名人。“茅盾故居”就在小街里面，斜对面就是“林家铺子”。

茅盾原名沈德鸿，字雁冰，1896年7月4日诞生于浙江省桐乡市乌镇。他们家在乌镇也是大家庭，茅盾是长房长子长孙，家里对他寄予厚望。他7岁时随父亲进了家塾学习，10岁丧父，由继母亲自教他。所以茅盾在回忆录中说，我的第一个启蒙老师是我的母亲。茅盾就是在乌镇读的小学，这里的故居还陈列着他在13岁时写的两本作文，内容大多是史论，共37篇文章，16000多字，字迹清秀遒劲、行文流畅，教师在批语中称赞他“好笔力，好见地，读史有限，立论有识”。茅盾17岁考入北大预科班，用三年半的时间读完了五年的课程，20岁进入上海商务印书馆工作，21岁担任《小说月报》主编。他的很多小说，如“农村三部曲”——《春蚕》《秋收》《残冬》，还有《林家铺子》以及长篇小说《子夜》中的某些素材都来自他的故乡；有的作品更直接描写了乌镇及其附近地区的农村生活。

郁达夫是这样评价茅盾的：“茅盾是早就从事写作的人。唯其阅历深了，所以每不忘社会，他的观察的周到，分析的清楚，是现代散文中最有实用的一种写法……中国若要社会进步，若要使文章和实际生活发生关系，则像茅盾那样的作家，多一个好一个……”这个评价是中肯的。

巴金：几番激流度春秋

风云变幻岁月稠，抛家拈毫抒国忧。
多少寒夜迷雾雨，几番激流度春秋。
一代良知仗笔谈，百年悔悟凭心谋。
暮年随想留真话，老梅疏枝香如旧。

就好像当下QQ聊天的人都要弄个网名一样，现代作家都特喜欢起个笔名，鲁迅、郭沫若、茅盾、艾青、冰心、曹禺、老舍、丁玲等都是笔名。本名是由父母所命定的名字，包括家族的姓氏符号。而笔名是作家的选择和命定，强烈地隐含着命名者的意愿、个性和偏爱。巴金也是笔名，他本名李尧棠，字芾甘。他年轻时对无政府主义者巴枯宁和克鲁泡特金非常崇拜，曾翻译过《克鲁泡特金自传》，所以从两人名字中各取首尾一字，名为巴金。

巴金被读者熟知并影响最大的小说是《家》。这部小说原是巴金为上海《时报》创作的连载作品。1933年出版了单行本到1950年已重印了33次。“这在中国现当代文学史上是空前绝后的，就连鲁迅先生的《呐喊》当年都没有如此巨大的发行量。”能写出《家》的巴金本身就出生于成都一个封建大家庭里。他是这个大家中的少爷，但他10岁丧母，13岁丧父，因此变得早熟而忧郁，发现自己的大家庭就像宝黛所生活的令人窒息的贾府。19岁的巴金走出成都“李府”到了上海，四年后又走出国门到了法国。他在巴黎首次使用“巴金”这一笔名完成小说《灭亡》，小说发表在《小说月报》上，引起强烈反响，巴金从此闯入文坛。

值得一提的是，“文化大革命”之后，作为受害者的巴金历时八年写了长达四十二万字的《随想录》，进行自我良心的拷问和倡导“讲真话”的忏悔精神。尽管有人说，提倡说真话不等于说真话，就像提倡环保不等于环保一样。真话确实不等于真理，但真话却是通往真理的第一步。

一个人在宽松的环境里说真话并不难，难的是在严酷的环境下也说真话。一个人在小说里说真话并不难，难的是在现实的大是大非面前也说真话。巴金是一个善良、真诚的文人。

老舍：毫端悲欢写黎庶

远赴英伦居精庐，西宾试笔去著书。
京味庄谐唱底层，毫端悲欢写黎庶。
茶馆闲谈龙沟填，猫城眺望月牙出。
人间绝少埋忧地，便拟永居太平湖。

如果将“鲁郭茅、巴老曹”这现代文坛六大作家从生命角度而论，活得时间最长的是巴金，活了101岁，真正成了“百岁老人”。离世最早的是鲁迅，死于1936年；离世最惨的是老舍，1966年8月24日，他不堪侮辱，投湖自尽。老舍的祖上属于满族的正红旗，本名叫舒庆春，上学后他将名字改为舒舍予，“舍予”是“舒”字的分拆。老舍的《骆驼祥子》中有句名言：“最伟大的牺牲是忍辱，最伟大的忍辱是反抗。”他的自杀是践诺还是违背了这句话呢？不知道。写了一辈子文字的人死前没有留下一个字。素有“副刊圣手”之称的民国文人张慧剑说：“中国有三大天才皆死于水，此三人者，各可代表一千年之中国文艺史——第一千年为屈原，第二千年为李白，第三千年为王国维。”不知老舍是不是可以算第四个死于水的天才呢？

他最负盛名的作品之一有话剧《茶馆》，在人艺的精彩演出中一直经久不衰。按照时下最为时髦的说法来概括《茶馆》之于人艺，就是“《茶馆》就是剧院的非物质文化遗产”。老舍在新中国成立后创作了《龙须沟》《春华秋实》等作品，表现出一种主动寻找“新时代”的自觉性。最后他转换方向，向后“寻找”，找回自己熟悉的人物、人情、人性。晚年的他写出了经典之作，也是收官之作的《茶馆》。毫不过分地说，是《茶馆》成就了老舍。

歌德曾经指出，莎士比亚的剧本往往听朗诵比看演出更优美。老舍的《茶馆》是看人艺的演出比读剧本更惬意，因为人艺的一些演员，如于是之、英若诚等演得真好，是真的好。尤其最后那幕，王利发、秦仲义、常四爷三个老人聚在茶馆里，唱着冥歌，撒起了漫天的纸钱，在为自己祭奠的同时，也是埋葬那个行将就木的社会。一下就有无限的凄凉和感叹涌上心头。

现代京剧《沙家浜》中阿庆嫂有句唱词：“人一走，茶就凉。”老舍人走了，但《茶馆》还在，“茶”并没有凉，《茶馆》的演员换了几代了，看客也换了几代了，但人们在喝“茶”品“茶”时，会想起这个人，会念叨这个人。这也许正是一个人的生命价值所在。

曹禺：雷雨咆哮惊原野

一时宇内名家惊，曹禺如月耀星空。
剧坛独秀万家宝，戏苑巨擘一代雄。
雷雨咆哮惊原野，日出磅礴红寰中。
江郎几经弹新曲，总输旧韵味道浓。

曹禺在上世纪三十年代如彗星般出现，使人们不得不再次承认，世上确实有天才这回事。因为在《雷雨》发表之前，欧阳玉倩、田汉及其领导的南国社，已有过二十多年对戏剧宗教般虔诚的研究了，而且是著作等身，有多种多样的剧本问世。但《雷雨》一经面世，如一轮明月升空，那些戏剧立刻就星光黯淡了。《雷雨》一剧使得中国有了足以与世界伟大戏剧相媲美的戏剧文学，《雷雨》就像一场大雷雨震撼了整个文坛。

曹禺1910年生于天津官宦家庭，原名万家宝，幼年的他常被继母带去看戏曲和文明戏。曹禺是他用来写作剧本的笔名，取自他姓氏正体“万”字，拆为“草字头”和“禺”，草字头换为曹，“万”就成了“曹禺”。曹禺在少年时期就表现出突出的戏剧天分，曾被誉为“中国的莎士比亚”。曹禺也常登台表演。如今，在他天津的祖宅里，还有一面墙上挂着几十幅表情生动、飞扬夸张的照片。那是少年万家宝看戏归来，一个人对着镜子反复表演的脸谱汇集：高兴、愤怒、甜蜜、遐想、鄙视……这为他日后演戏和写戏埋下了种子。

曹禺1929年进南开大学，后来又转清华大学外语系，毕业后进清华研究院，专攻欧美戏剧文学。曹禺18岁中学毕业时，在同学那里偶尔听到其嫂子的一个悲剧故事，就开始酝酿、构思，一直到五年后大学即将毕业时才正式动笔写作。剧本写好后，被投到当时的《文学季刊》上，搁置了一年多。巴金偶尔见到这个剧本，大加赞赏，立即予以发表，但发表后并未引起人们的重视。稍后，有个研究中国现代文学的青年将剧本推荐到日本上演，引起了轰动，曹禺一夜成名。同年，曹禺受聘为南京国立戏剧专科学校的教授，后担任教务主任。大批学生慕其名报考该校，此时曹禺年方26岁。

曹禺的《雷雨》被誉为中国的“百年一戏”，当时有作家为他写下“一时海上惊雷雨”的赞诗。不久后曹禺又写出了四幕悲剧《日出》，后又陆续写出《原野》《北京人》等。他在创作生涯的前十年，就写出了七部传世大戏！

曹禺是北京人民艺术剧院的第一任院长，也是唯一的终身院长。1996年12月13日，曹禺先生在北京安然辞世，享年86岁。

郁达夫：湖海飘零醉杜康

一阵秋雨一阵凉，客居故都品味长。
残蝉嘶如老秋士，落蕊嫩于新嫁娘。
中原离乱梦祖逖，湖海飘零醉杜康。
血洒苏岛魂何去，薄奠还祭富春江。

有两句诗我非常喜欢：“曾因酒醉鞭名马，生怕情多累美人。”这诗句很具晚唐韵味，但它不是古人写的诗句，而是郁达夫写的。郁达夫是小说家，但他曾说他的古典诗词写得比小说更好，我买过一本《郁达夫诗词抄》，觉得他说的是实话。他其实是一个典型的诗人，所以他把文章都当成诗来写，文章非常富有诗意。他名叫郁文，古人说：“多文为富。”他真是名副其实，既“郁郁乎文哉”而又一生郁郁不得志。他具有秋士那最深沉的忧郁。他热衷于政治、文学，在大学里却教的是统计学。他常以文学的眼光看政治，比较偏激，不太考虑后果。郭沫若说现代文学有“三绝”：鲁迅之韧，闻一多之刚，郁达夫之悲。这三个人都被卷入了政治，但鲁迅是披甲上阵；闻一多和郁达夫是赤膊上阵，结果自然是容易受伤的。闻一多最后被国民党暗杀，郁达夫最后被日本宪兵暗杀。

郁达夫的性格大致属于乐嘉所说的红色性格，浪漫多情，或许还有点神经质的自暴自弃等。著名记者曹聚仁说得更形象：一个诗人，他住在历史上是个仙人，住在你家楼上就是个疯子。郁达夫知人论世往往是十分感性的，归根结底，他要把自己的世界无遮掩地呈现出来，这几乎成了他文学的支点。郁达夫的成名作《沉沦》中的原型正是他自己。他留学日本则先后有好几个恋人，为恋人玉儿所写的情诗“玉儿看病胭脂淡，瘦损东风一夜花。钟定月沉人不语，两行清泪落琵琶”至今为人称道。他一生有三次婚姻，最轰轰烈烈的是第二次婚姻，他与杭州“四大美人”之首的王映霞结合，郎才女貌，被誉为“富春江上神仙侣”，最终却因郁达夫的《毁家诗纪》，二人分道扬镳。郁达夫是一个古道热肠的人，我常想起沈从文初到北平卖文时，郁达夫第一次去探望这个素不相识且来自边城的无名作者，看他流着清鼻涕，用长满冻疮的手在抄写稿子，十分不忍，就掏出仅有的几个大洋放在桌上。每每在深夜想起这个故事，都有湿透青衫的感伤。

郁达夫自己曾多次表白，他只是个文人，不是战士，叫他去撒传单，他是不会去做的。然而，在他的一生中，我们还是可以看到他傲骨铮铮的一面。抗战爆发之后，郁达夫像一枚蒲公英一样飘向南洋，那里是抗战的另一个战场。最初，郁达夫在新加坡主持多家报刊的编务，以笔为刀枪，痛斥日军暴行，歌颂同胞的英勇。新加坡沦陷后，他流亡到处于日寇统治下的苏门答腊，化名为“赵廉”，伪装成一个庸俗的酒厂老板。在1945年8月29日，日军派出四名宪兵，找一个印尼人诱骗他出门，开车到荒野之后，将他活活掐死。他就是这样一个文人，一个有骨气的文人。郁达夫客死南洋，千秋饮恨，正是因为他坚持气节。

闻一多：血色文坛一刀客

血色文坛一刀客，长髯飘拂对矛戈。
九州破碎裂胆恸，七子飘零断肠歌。
欲点红烛烧天火，誓掀死水腾巨波。
拍案如闻春雷爆，寰宇洒泪一何多！

谈到二十世纪的中国文坛，少不了“新月派”，新月派由《新月杂志》而得名。新月派的诗人，以笃实诚恳的闻一多和轻灵飘逸的徐志摩为领袖。现代作家司马长风曾将这两个诗人比为现代的李白和杜甫。闻一多的代表作是《红烛》和《死水》，这不但是诗篇名，也是诗集名。他前期的诗收在《红烛》中，后期的诗收在《死水》中。他的诗格律精严、意象丰盈、光彩四射、活力充沛。《死水》被公认为第一名作。如果说“死水”是中国的象征，那么“红烛”就象征着闻一多自己的生命。

闻一多是楚人，他生于湖北省的一个书香门第。由于家学渊源，闻一多自幼爱好古典诗词和美术，5岁入私塾接受启蒙，10岁到武昌就读于两湖师范附属高等小学，13岁以复试鄂籍第一名的成绩考入北京清华留美预备学校（清华大学的前身），在这里度过了十年的学子生涯。闻一多在23岁时赴美留学，先后在芝加哥美术学院等处进行学习，在专攻美术且成绩突出时，他表现出了对文学的极大兴趣，特别是对诗歌的酷爱。楚人多浪漫，而且狂放不羁。这样的情感无疑是诗人的气质。

闻一多有“三变”：从上世纪二十年代的国家主义者变为三十年代的书斋隐士，再变为四十年代的革命斗士。“七七事变”后，他到了西南联大，在烽火连天的岁月中扎在故纸堆里更加用功地做学问。除了上课之外，别说出校门，就连楼房都不下，因此得一雅号“何妨一下楼主人”。闻一多从唐诗开始，继而上溯，由汉魏六朝诗到《楚辞》《诗经》，由《庄子》到《周易》，由古代神话到史前文学，同时对古文字学、音韵学、民俗学也下了惊人的功夫，涉猎之广、研究之深、成果之丰，令人赞佩。郭沫若感叹闻一多“不仅前无古人，恐怕还要后无来者”。

作为革命斗士，在国民党统治的白色恐怖下，闻一多满怀悲愤，撰文揭露真相，抨击黑暗，呼唤民主，因而被国民党特务列入暗杀黑名单，悬赏四十万元买其人头。1946年7月11日，民盟中央委员李公朴惨遭暗杀，闻一多义无反顾地前往参加李公朴先生的追悼会，面对国民党的特务，他拍案而起，慷慨激昂地发表了著名的《最后一次讲演》，悲愤地表示，为了民族“要像李先生一样，前脚跨出大门，后脚就不准备再跨进大门”的坚定决心。当天下午在回家途中即遭到国民党特务杀害，时年不满48周岁。毛泽东用激愤的语调写道：“闻一多拍案而起，横眉怒对国民党的手枪，宁可倒下去，不愿屈服。”

闻一多在诗集《红烛》的开卷序诗中期望诗人能有红烛一样的境界。最终他如自己所言，燃烧了自己，在黎明前最浓重的黑暗中，发出耀眼的光芒。

冰心：文如春水尘埃净

一缕相思一缕尘，斯人憔悴独离京。
纸船红泪寄亲娘，飞鸟悲啼忆旧情。
文如春水尘埃净，诗似繁星颜色新。
母爱恰似晶莹玉，一片冰心对月明。

中国上一辈的女性，凡出身书礼门庭，受过良好教育，德高望重，老来都被称为“先生”。女人老去，被称为“先生”，是非常令人钦敬的。像杨绛先生、冰心先生，少年为淑女，中年为夫人，老来为先生，都是社会公认的优秀女人。冰心这个被尊为先生的女人，生于1900年，逝于1999年，是名副其实的“世纪老人”。她既有中国女子的书香教养，也有留学美国的视野抱负，并且经历过时代的风云，阅尽了世情的沧桑，亲炙这样的女人，有如感受一册近代史绵绵的余温。

冰心，原名谢婉莹，笔名为冰心，取“一片冰心在玉壶”之意。人如其名，她是一个淑雅高洁的大家闺秀式女作家。虽然是五四时期的知识分子，但她与同时代的林徽因、丁玲、庐隐、凌叔华等女作家不同。冰心的一生没有传奇的激烈缠绵的浪漫情事，她是典型的贤妻良母。社会学家吴文藻当年给冰心的父母写信求娶冰心时，曾用了一句言简意赅的话来赞美冰心——“令爱是一位新思想旧道德兼备的完人”。冰心12岁考入福州女子师范学校预科，18岁升入北京协和女子大学预科，向往成为一名救死扶伤的医生。而五四运动的一声惊雷，将她“震”上了写作的道路。那时，20岁出头的冰心已经名满中国文坛。冰心以小诗和小品、散文见长。作家苏雪林说她的作品有四个特色：澄澈、凄美、恬适自然、清丽润秀。冰心醉心泰戈尔，诗歌和散文都受到泰戈尔作品的影响和启示。她的作品多围绕母爱、童心和自然三大主题展开，这一切构筑了她的思想内核——“爱的哲学”。冰心23岁去美国留学，但她在美国研究的对象是中国第一才女李清照，李清照应该是她心仪的对象。

冰心有一首小诗《春水》：“墙角的花！你孤芳自赏时，天地便小了。”这首小诗曾是2002年北京高考卷仿写试题。记得当时最搞笑的仿写是：“桌上的酒瓶，你底儿朝天时，爸爸便醉了。”这首小诗批评的是“花”的孤芳自赏，但冰心春风得意时也常常自我欣赏。她在燕京大学任教时，曾在课堂上问学生：“余之文艺创作何如某某与某某？”良久未有人回答。她又再三发问，汉学家吴世昌站起来说：“弟子认为先生幸而生为女性，始能成为女作家之翘楚。然而，小说全面之深刻辛辣，先生不及鲁迅远甚；至于新诗方面之隽永超逸，先生亦逊于徐志摩。”但冰心尊贵而慈蔼，博雅而婉柔，在漫长的一生里，她早已把自己琢磨成一块纯洁明澈、温婉晶莹的美玉。

在冰心老人离开我们的时候，王蒙感慨道：“今后还有这样大气和高明，有教养而纯洁的人吗？伟大的古老的中华民族，不是应该多有几个冰心这样的人物吗？”

梁实秋：雅舍墨染秋郎趣

曾被骂为丧家狗，暮年绝口不谤周。
高人清品似水净，智者宅心如山厚。

雅舍墨染秋郎趣，槐园梦忆淑女柔。
生前著述无虚日，临终仍登望乡楼。

梁实秋先生出身于老北平的书香世家。梁先生从小寒窗苦读，后来成为留美优等生，21岁便是暨南大学的教授，27岁任山东大学外文系主任兼图书馆馆长，31岁任北京大学外文系主任。在很多人眼里，梁实秋应当是个“洋派十足”的学者，但梁实秋在骨子里绝对是一个有很深中国文化情怀的人。他从美国回来教书时，满口英语，却总是穿着长袍马褂、千层底布鞋，叠裆裤子还要绑上腿带子，而且写字不用钢笔用毛笔。他的打扮和举止经常引得时髦男女窃笑。

梁实秋不但是中国著名的散文家、文学评论家，而且还是翻译家。他是中国第一位研究莎士比亚的学者，最令人敬佩的是他用自己一个人的力量花了近四十年时间翻译了《莎士比亚全集》，这在翻译史上是一个壮举。他的散文集《雅舍小品》更是脍炙人口的佳作，每篇文章都能一针见血地点出人性的特征，且又幽默诙谐，让人开怀后深思。梁实秋文才出众，相貌出众，实在可用“才比宋玉，貌似潘安”来形容，而且他谈吐幽默风趣，很受朋友喜欢。冰心曾为梁实秋写过一段祝寿词：“一个人应当像一朵花，不论是男人或女人。花有色、香、味，人有才、情、趣，三者缺一，便不能做人家的一个好朋友。我的朋友之中，男人中只有梁实秋最像一朵花——鸡冠花。”说梁实秋是一朵花，是很新鲜的比喻。人们通常是以花比喻女人，冰心却以花形容男人，有出人意料之感，故鲜活别致。

但鲁迅先生对梁实秋不感兴趣，和他发生过激烈的争论。当时梁实秋先生才20多岁，鲁迅大他22岁。矛盾的核心是鲁迅认为文学是有阶级性的，而梁实秋更强调文学的人性，比如母爱，穷人有，富人也有，不论阶级，不管穷富；母爱不是政治的工具，它是永恒的人性。这就是梁实秋的信念。被鲁迅骂过的人未必是坏人，鲁迅在《记念刘和珍君》中骂过杨荫瑜，但杨荫瑜是和日本鬼子抗争而被杀的很有骨气的抗日烈士。不过，能达到挨鲁迅先生的骂应当是一种境界和福分，那说明他已经不是一个平庸的人了。

梁实秋一直客观地品评鲁迅，在鲁迅过世后，仍口口声声称之为“鲁迅先生”，并认为鲁迅的杂感文字当代无人能及。他的胸怀令后人敬佩。

沈从文：文坛寂寞乡下人

弃武从文至京城，坎坷浮沉度一生。
边城清词水洗翠，凤镇丽句山染青。
捧读如见楼吊脚，掩卷常梦船乌篷。
文坛寂寞乡下人，又闻墨香借西风。

如果从沈从文优美的文字猜测，他大概从小就是个“书香子弟”，应当是闻着书香味长大的，但事实并非如此，沈从文一直自称为“乡下人”。但沈从文所出生的乡下被新西兰著名诗人路易·艾黎深情地称为“中国最美丽的小城”——湘西凤凰古城。小城依偎沱江，群山环抱，秀丽神秘。俗话说“深山出凤凰”，沈从文就是从这里飞出的一只凤凰。

沈从文的家境不太好，他读了几年书，没有受过完整系统的教育，少年时走过很多地方，开了眼界也长了见识。20岁时，他觉得城市的生活太精彩了，就凭着一股锐气两只空手到京城去闯荡，要打出自己的一片天地来。这个只有小学水平的“北漂青年”参加了燕京大学二年制国文班的入学考试，得了零分，连所缴的两块报名费也被退回。沈从文混了半年多才知道京城米贵，白居不易啊！寒冬腊月，身着单衣的沈从文又饿了三天，只好冒昧地给自己非常仰慕的作家郁达夫写了一封求援信。郁达夫真的来了，他打量着那间破庙样寒碜的屋子，再瞧瞧沈从文冻馁交加的虚弱相，一切都明白了。他邀沈从文在一家小饭馆吃了一顿饭，还将找回的三块多钱全给了沈从文，把自己的围巾送给沈从文，并要他“好好写下去”。郁达夫就是沈从文的命中贵人。在郁达夫、徐志摩、林宰平等人的提携帮助下，沈从文做了中国公学的国文教师，从此开始了不一般的人生，并接连创作了《边城》《湘行散记》等经典作品，声名鹊起，震撼文坛。

新中国成立后，沈从文在历史博物馆工作，成了一名文物研究专家，后来写出一本《中国古代服饰研究》。二十世纪八十年代，沈从文就像出土文物一样重新引起了大家的注意，他的作品也热了起来。

沈从文从凤凰古城走出，多年后他又以同样的方式回归。他的墓碑背面是曾执教于耶鲁大学的张充和女士题的挽联：“不折不从，星斗其文；亦慈亦让，赤子其人。”每句末最后一字连缀起来，则为“从文让人”，而“从文让人”也正是沈从文一生真实的写照。

朱自清：文人风骨侠客情

一生自清不染尘，雨润杏坛细无声。
荷塘月淡筛柳姿，秦淮桨缓碎波心。
祭妻娓娓断肠语，忆父潸潸泪眼盈。
饿死不食救济粮，文人风骨侠客情。

据说沈从文第一次走上讲台竟然紧张得说不出话来，他呆呆地站了十分钟后，在黑板上工整地写道：今天是我第一次上课，人很多，我害怕了。另一位学者兼作家朱自清也不善于讲课，他的学生回忆，朱老师讲课似乎像在紧张地背书，常常弄得满头大汗，而且还结结巴巴地有点口吃。他的课讲得不像他的散文那么漂亮；他的口才更不像他的笔头那样流光溢彩。这要搁在现在不但不符合探究性教学，而且还容易被家长联合起来轰下讲台。但朱老师是很有学问的，他由一名中学语文教师应聘到清华大学担任古典文学的教授，跨越了由讲师到副教授再到教授的过程，并在清华大学服务了二十三年，曾担任清华大学国文系主任长达十八年，被称为清华文科“首席系主任”也不为过。

《荷塘月色》《背影》等篇目都入选中学语文课本。对于《荷塘月色》，有人赞美，有人反对。赞美的声音就不一一赘述了，反对的声音前有余光中，后有张远山。余光中认为朱自清“观察颇为精细，宜于静态描述，可是想象不够充沛，所以写景之文近于工笔，欠缺开合吞吐之势”“譬喻过分明显，形象的取材过分狭隘，至于感性，则仍停留在农业时代，太软太旧”。

但我觉得朱自清先生属荷，即使出于污泥浊水，照样亭亭其身，芬芳其气。他原名自华，号秋实，20岁时改名自清，字佩弦。“自清”两字出自《楚辞·卜居》：“宁廉洁正直以自清乎？”意思是廉洁正直使自己保持清白。佩弦，是借用《韩非子·观行》中“西门豹之性急，故佩韦以自缓；董安于之性缓，故佩弦以自急”的典故，来警策自己。1947年，因为北平当局任意捕人，他发表抗议书，又在反饥饿反内战的宣言上签名。1948年6月，他抗议美国的扶日政策，在拒绝领取美援面粉宣言上签名，后因胃病复发，医治无效，终在贫病中去世。毛泽东在《别了，司徒雷登》一文中赞扬朱自清：“朱自清一身重病，宁可饿死，不领美国的救济粮。……我们应当写闻一多颂，写朱自清颂，他们表现了我们民族的英雄气概。”朱自清先生是一个有骨气的中国知识分子，我们都读过他的《背影》，当我写这篇文章的时候，似乎看到朱先生本人那夹着讲义的清瘦背影，离我们渐行渐远。

徐志摩：康桥柔波醉桃花

风流诗客戏生涯，人间四月一潇洒。
新月清光啼夜莺，康桥柔波醉桃花。
夺爱终将美眉牵，多情反曾累娜拉。
云鹤折翼成流星，一亮长空别云霞。

当今的文学爱好者，不可能不知道徐志摩；知道徐志摩的文学爱好者，不可能不知道《再别康桥》。有一本写徐志摩的传记，题目叫《新月下的夜莺》，一弯新月下有黄莺在婉转啼叫，很美的意境。用夜莺来形容徐志摩很恰切，徐志摩是很会写抒情诗的那种诗人，他的诗清新自然，委婉动听；他也是“新月派”的代表人物。他的诗派取名“新月”是因为崇拜印度诗人泰戈尔，所以以泰戈尔的诗集《新月集》来命名。但徐志摩本人不愿意做一只夜莺，他更愿做一只大鹤，他给自己取了个笔名叫“云中鹤”。他在代表作《再别康桥》中写道：“轻轻地我走了，正如我轻轻地来，我轻轻地招手，作别西天的云彩。”著名作家史铁生说，这几句诗作为墓志铭真是再好也没有了，或许诗人注定就是活在缥缈的云中的一只鹤。

徐志摩出生于浙江省海宁县的一个富商家庭。诗人在“抓周”时，家里来了一个叫志恢的和尚，在诗人的头上抚摸了一圈，说“此儿将来必成大器”，这话正合徐志摩父亲的心意，于是为儿子取名“志摩”——志恢和尚摸（摩）过头顶。后来徐志摩还真的成了大气候。郁达夫和徐志摩曾是中学同学，郁达夫说到对徐志摩的印象是：身材矮小，脸特长，脑袋也生得大，戴一副金边近视眼镜。平时不怎么用功，考试总得第一。看来小徐同学天生是块学习的材料。有人评论说：“志摩感情轻浮，使他不能成为诗人；思想复杂，使他不能成为文人。”但徐志摩既做了诗人，又做了文人，而且是诗人中的诗人，文人中的文人。徐志摩先后在美国、英国留学，主要学政治学，但却钟情于诗歌。回国后，很快震惊文坛，1925年出版诗集《志摩的诗》，一举奠定其顶级诗人的位置。当然也有人看不惯这种风花雪月的诗歌，譬如鲁迅就鄙视徐志摩：“我更不喜欢徐志摩那样的诗，而他偏爱到各处投稿，《语丝》一出版，他也就来了，有人赞成他，登了出来，我就作了一篇杂感，和他开了一通玩笑，使他不能来，他也果然不来了。”鲁迅绍兴师爷的铁笔功夫果然十分了得，徐志摩这个小资青年只有觳觫（hú sù）的份儿了。

但比徐志摩的文学作品更轰动于世的是他的恋爱史和婚变。这个风流倜傥的大才子要寻找自己的“唯一灵魂之伴侣”，所以先是坚决和原配妻子张幼仪离异，转而追求“人艳如花”的才女林徽因，碰壁后又追求朋友之妻陆小曼，终成眷属。婚礼上，他被老师梁启超训了一鼻子。徐志摩宣称“我要成为中国第一个离婚的男子”，在他看来，女人如衣裳，气候变了，长袍马褂就得换西装革履了。徐志摩短促的一生可以说是“为爱而生，为爱而死”的一生。

戴望舒：纸伞如花开幽巷

天女散花向望舒，铺就爱恨坎坷途。
苦无潘安盈车果，空有子建洛神书。
纸伞如花开幽巷，细雨似梦笼石路。
唯有情场失意客，笔下方才生佳姝。

戴望舒本名叫戴朝宗，望舒是他的笔名，望舒即神话传说中替月亮驾车的天神，美丽纯洁。听听这个美丽的名字，会认为诗人应当是玉树临风，风流倜傥。戴望舒生于杭州，小时候家就在美丽的西子湖畔，但秀丽的西湖没有滋润戴望舒，他长得又黑又胖，乍看之下，很像个运动员，却不大像儒雅风流的诗人。更不幸的是他得过天花，满脸浅色麻子，常年哮喘，所以相貌就有些愧对江南的杏花春雨了。我在诗中用天女散花的典故借指戴望舒的满脸麻子，有点不厚道。天女散花以试菩萨和声闻弟子的道行，花至菩萨身上即落去，至弟子身上便不落。一个人的心理和他的相貌有很大的关系。从小生得漂亮，处处受人夸赞，容易变得傲慢；而相貌丑陋或有残疾，从小受人歧视，则容易形成抑郁或极端的性格。戴望舒性格就一直“带些莫名的忧郁”。

张爱玲说过，出名要趁早。话有点俗却无比真实。张爱玲就是在22岁写出《倾城之恋》的。戴望舒18岁进入上海大学中文系，20岁出头已经成名，23岁发表的《雨巷》成为传诵一时的名作，并使他名满天下，获得“雨巷诗人”的桂冠。这首诗被誉为“在音节上完美无缺”“比起唐人的长短句来，实在毫无逊色”。27岁他又去法国游学四年。戴望舒一生命运坎坷，抗战前曾因思想激进而被上海法租界拘捕过。抗战期间，他在香港主编《星岛日报》副刊，日军占领香港，他又因“抗战罪”坐过日本人的监狱。

虽然有“郎才女貌”的古训，但戴望舒这个大才子在情感生活上却一直难觅红颜知己，女孩子爱其诗但不爱其人。他曾狂热地爱过诗人施蛰存貌美如花的妹妹施绛年，爱得神魂颠倒，极痴极苦，最后终成水中望月。后来，他又苦苦追求诗人穆时英的妹妹穆丽娟，终于成婚，但几年之后还是离了婚。但戴望舒没有以私废公，大节不亏。日寇侵华时期，汉奸李士群邀他入伙，为诱惑戴望舒，承诺把穆丽娟重新送到他身边，被他坚决拒绝。再后来戴望舒和杨静结婚，但杨静又和别人私奔。王蒙说写美好爱情故事的都是失恋者，写爱情诗的高手不能见面，“不见不知道，一见都吓跑”。他的一生一直独自撑着油纸伞，在人生的雨巷中哀婉又彷徨，45岁病死，给后人留下叹息似的眼光，丁香般的惆怅。那条狭窄、悠长而又寂寥的雨巷，正是他寂寞人生的真实写照。

钱锺书：闲观云舒悟天机

漫道海内传成奇，一生钟书有痴气。
静对古卷寻雅趣，闲观云舒悟天机。
洞幽烛微说围城，锥指管窥谈学艺。
写在人生边上文，细品不知肉滋味。

古语说：“赐子千金不如教子一艺，教子一艺不如赐子好名。”俗语也有“不怕生错相，就怕取错名”的说法。这些说法虽然有些偏颇，但还是有些道理的。苏洵曾有短文《名二子书》，说明为两个儿子取名为苏轼和苏辙的良苦用心。钱锺书这名字就起得很好，据说他小时候在“抓周”时，吃喝玩具等都弃之不取，唯抓住一本书不放，敢情他钟情于书，而他的一生也确确实实与书为伴，因书而成为人们仰慕的大师。

钱锺书出生于江苏无锡，他幼承家学，天资过人，少年时代就练就了文史方面的“童子功”。入小学时父亲为他改字“默存”，有要他少说话的意思。钱锺书19岁考清华大学，数学只考了15分，总成绩排在200名及格学生的第57名，照例应当被退回。但是刚刚30岁出头的清华大学校长罗家伦却被这位考生的国文、英文考卷惊呆了，一拍板就破格录取了钱锺书。钱锺书在清华外文系与曹禺、颜毓蘅曾被比拟为北洋军阀中的“龙虎狗三杰”，“龙”就是钱锺书，国学大师吴宓亦称他为“人中之龙”。钱锺书的同学曾说，最怪的是钱锺书上课从来不记笔记，只带一本和课堂无关的闲书，一面听讲一面看自己的书，但考试总是得第一。钱锺书常讲：“二十岁不狂是没有志气，三十岁犹狂是没有头脑。”

钱锺书曾被称为“民国第一才子”，他的小说《围城》至今读来仍然很好玩，老钱是一个搞笑大师，他那魔杖般的笔，犀利、机智、俏皮，将社会、人生、心理、道德的病态，都鞭挞得无所遁形。作家柯灵评价钱锺书：“钱氏的两大精神支柱是渊博和睿智，二者互为渗透，互为羽翼，浑然一体，如影随形……睿智使他进得去，出得来，提得起，放得下……渊博使他站得高，望得远，看得透，撒得开……”不过，作家冯唐曾设想：老天如果有眼，把钱锺书和张爱玲弄成一对，看谁刻薄过谁。其次是他的巨著《管锥编》问世，四海学者皆佩服有加，誉之为“奇书”。有人惊叹：“其内容之渊博，思路之开阔，联想之活泼，想象之奇特，实属人类罕见。一个人的大脑怎么可能记得古今中外如此浩瀚的内容？一个人的大脑怎么可能将广袤复杂的中西文化如此挥洒自如地连接和打通？”但这样一个大学者，一生却淡泊名利，不见任何达官贵人。据说一个英国女记者求见，钱锺书说假如你吃了一个鸡蛋还觉得不错，何必要认识那只下蛋的老母鸡呢？

艾青：劫波锢身鱼化石

痛恨国贼耻姓蒋，挥剪铰去旧锦装。
铁窗雪飞囚人眼，孤茔泪尽紫魂肠。
劫波锢身鱼化石，长夜痴情太阳光。
一片春心成望帝，喉哑声竭死亦唱。

艾青生于浙江金华的一个蒋姓的地主家庭，本名蒋海澄。母亲生他时难产，生了三天三夜，一个算卦的说他“克父母”，因此他成了一个不受欢迎的人，父亲把他托付给一个贫苦农妇。艾青一直被养育到5岁，他甚至只能叫父母为“叔叔婶婶”，所以家庭对他造成了很大的心理阴影。在他心中父亲就是一个暴君，经常打他，有一次挨打之后，他写了一张“父贼打我”的字条，放在父亲的抽屉里，从此以后父亲就再也没打过艾青。

艾青早年赴法国学画，回国后因参加左翼美术家联盟的革命活动而被捕入狱。因痛恨蒋介石背叛革命，入狱后他把“X”当成一把大剪刀，剪去了“蒋”下面的“将”，将之变成“艾”；又为自己取名为“青”。艾青失去了画具，只好进行比较简便的诗歌创作。这一写就写出了他个人也是新诗史上最令人回肠荡气的长诗《大堰河——我的保姆》，献给了那位苦命的农妇；并第一次使用了“艾青”这个笔名。之后“艾青”这个名字轰动全国，家喻户晓，然而他的真名倒没有多少人知道了。命运捉摸不透啊，谁会想到一位大诗人就这样从监狱中诞生了。这再一次证明，“不幸”是诗歌的温床。

抗日战争爆发以后，他满怀热情写出了《我爱这土地》《雪落在中国的土地上》等感情真挚的诗篇。艾青终其一生都是一位土地诗人。那时候，中国的土地是惨遭蹂躏的土地，是恶魔横行的土地。作为一位有血性的中国诗人，艾青将笔触直抵土地的根部，挖掘悲伤的土地之中蕴藏着的精魂。通过他的歌吟，我们能感受到那个年代中国人的诉求、土地的希望和绝望、人民的泪水和鲜血。艾青在古稀之年又奇迹般地焕发青春，像一只不知疲倦的鸟，眼含泪水用嘶哑的喉咙不停地歌唱，唱出了《鱼化石》《虎斑贝》《古罗马的大斗技场》《光的赞歌》等一大批令人心灵震撼的诗篇。

朱光潜：谈美勤磨度世针

天下文章在桐城，一脉相承泽后人。
论诗长抱传薪愿，谈美勤磨度世针。
牛棚斯文频扫地，神州黑帮葆素心。
乱风过处回皓首，还将拾穗馈子孙。

“天下文章出桐城，桐城文章甲天下”，这是清朝乾隆年间世人对桐城文章的赞誉。明清两代，桐城文风一统全国，最著名的是“桐城三祖”：方苞、刘大櫆、姚鼐。桐城还形成了一个声势显赫的散文流派“桐城派”，风行了两百多年。美学宗师朱光潜就诞生在安徽桐城的一个书香之家。朱光潜，字孟实，他曾在晚年告诉青年朋友“孟”是老大的意思，因为他们兄弟三人，他是大哥，而“实”则是坚实、踏实的意思，那也是他做人的态度。他的爷爷和父亲虽都是乡村的私塾先生，农村的小知识分子，但都有着深厚的传统文化根底。朱光潜的父亲很开明，他曾手书一副对联以表明志趣：“绿水青山，任老夫逍遥岁月；欧风亚雨，听诸儿扩展胸襟。”他嗅到了时代变迁的新气息，寄希望于孩子们开阔眼界，扩展胸襟，有所作为。

朱光潜从小就在父亲的严厉鞭策下接受着私塾教育，15岁就读于桐城中学，接受“义理、考据、辞典”一类的训练。他成绩优异，甚至一些教师都指望他将来接桐城派古人的一脉之传。然而，朱光潜却一直在思索着父亲所写对联中的“欧风亚雨”，后来他获得了去香港学习的公费生资格，并在英、法、德等国留学八年之久，游历了欧洲许多国家，博览群书，出版了《文艺心理学》《悲剧心理学》《变态心理学》等。回国后，他在北大中文系和清华大学中文系研究班开过《文艺心理学》和《诗论》等课程。季羡林曾评价他的课程：“这一门课非同凡响，是我最满意的一门课。比那些英、美、法、德等国来的外籍教授所开的课好到不能比的程度。他是一个有学问的人，一个在学术上诚实的人。他不哗众取宠，他不用连自己都不懂的洋玩意儿去欺骗、吓唬年轻的中国学生。因此，每周盼望上课，成为我的乐趣了。”

二十世纪八十年代，朱光潜以八十高龄写出了《谈美书简》《美学拾穗集》，甚至生病在床，还在病榻上录了音做讲座，堪称“春蚕到死丝方尽”——朱光潜一生都在拼命“吐丝”，直至生命结束！

海子：沥胆挥毫走云烟

查湾小子非等闲，北大文坛舞蹁跹。
呕心作诗消永日，沥胆挥毫走云烟。
赤子苦水悯众生，金秋麦田成一癫。
尘世难解幸福谛，便揣圣经问西天。

诗人是文人中特殊的文人，真正的诗人多多少少都有点和凡人不一样的地方。俄罗斯第一大诗人普希金死于决斗，第二大诗人莱蒙托夫也死于决斗。人们也许记不住他们的诗，但会记住他们不同寻常的死法。中国古代第一大诗人屈原死于水，第二大诗人李白据说也死于水；现代诗坛的第一大诗人徐志摩死于天，第二大诗人闻一多死于枪杀。而在1989年3月26日，当外面的世界还很热闹的时候，一个相貌平凡的青年捧着厚厚的《圣经》，躺在山海关冰冷的铁轨上……火车呼啸而过，作为物理意义上的生命在一瞬间被碾得粉碎，鲜血四溅……海子永远停留在25岁。

海子，原名查海生，出生在安徽高河镇查湾，这是一个远离大海的地方。他是一个地道的农民的儿子。1977年，15岁的他以优异的成绩考入北京大学法律系，在大学开始写诗，当时即被称为“北大三诗人”之一。他用诗歌来解答哈姆雷特那个古老而艰难的命运：“活着，还是死去，这是一个问题。”毕业后他被分到中国政法大学哲学研究室工作，住在北京昌平的一间宿舍里，没有电视机、录音机，甚至没有收音机。他不会跳舞，也不会游泳，甚至不会骑自行车。他牺牲了所有世俗的日常生活，不分白天黑夜地写诗，并最终选择死亡来作为他灿烂诗篇的惊叹号。海子是才子，但也是一个聪明无比而不谙世事的孩子。他带着一颗无比纯净的童心来到无比嘈杂的大都市，俗世的生活使他痛苦，诗歌的天堂使他发狂。有个故事说海子有次走进昌平的一家饭馆，对老板说：“我给大家朗诵我的诗，你们能不能给我酒喝？”老板说：“我可以给你酒喝，但你别在这儿朗诵。”海子错把昌平当成雅典，把饭馆当成诗歌沙龙了。一个人要是一直持有那颗纯真的童心，那他就是诗人。

死亡的意象是海子的诗中一个重要的命题。海子的思考可能涵容了年轻生命无法承受的痛苦，就像受难的耶稣一样，诗人不能生活在绝望里，陀思妥耶夫斯基一再呼喊：“人总得有条出路呀！”刘小枫在《拯救与逍遥》中说过，没有出路的情形只有两条退路：自杀或发疯。海子选择卧轨自杀，按照诗人西川的说法，也许“卧轨似乎是最便当、最干净、最尊严的一种方式”。

第七编　咏外国巨擘泰斗

莎士比亚：堂皇王者即莎翁

屠刀一抛去伦敦，快手捷才无师通。
倩女饮鸩泯恩怨，王子复仇忧死生。
剧场夜演戏有味，书斋晓撰诗多情。
纵无冠冕加头上，堂皇王者即莎翁。

西方历史上曾经诞生过无数文学家，倘若有人问“他们之中谁最伟大”，一定会被人讥笑为“不懂文学”，文学怎能比大小呢？然而要是真这样问，又非要给一个答案的话，那就是莎士比亚。关于莎士比亚，至少有两点是可以肯定的：他是古往今来作品上演最多的剧作家；也是作品和人生被改编成电影最多的作家。他一共留下三十七部剧本，一卷十四行诗和两部叙事长诗，关键是这些作品件件都是精品，没有次品，更没有废品。

中国读者最熟悉莎士比亚的《罗密欧与朱丽叶》，而莎翁最有名的是四大悲剧：《哈姆莱特》《奥瑟罗》《李尔王》《麦克白》，都是描写野心家与阴谋家的悲剧。但写出这样伟大剧作的莎士比亚只上过几年学，学历顶多相当于我们的初中毕业水平。因为父亲破产了，没办法供他继续求学，莎士比亚先是跟一个屠夫学习杀猪，后来不知什么原因就放下屠刀去了伦敦一家剧院做服装道具的搬运工作，这时他22岁，对戏剧一窍不通。接下来就像魔术师刘谦所说的：这个世界上最不可思议的事情发生了。

四年之后，在剧院打杂的小伙子莎士比亚居然写了一部叫《亨利六世》的剧本，一炮打响。文学界不是一颗新星冉冉升起，而是一颗太阳，一颗独一无二的太阳升上了天空，光芒万丈！在接下来的四年之内，他一口气写了七部喜剧，四部历史剧，两部悲剧，差不多每三个多月就写出一部不朽的剧作。这让我们更加相信：这个世界，真正有才华的人，永远不会被埋没。被埋没了，只能说明，你还不够有才华。才华若是可以论斤卖的话，莎士比亚早就是世界首富了。

1616年4月23日，莎士比亚在他生日的这一天去世了，刚满52岁。上帝哪天将他送到世界又在哪天将他接回去，尽管接得早了一点儿，但也显出了上帝的偏心眼。联合国教科文组织把这一天定为“世界读书日”，鼓励大家一起来读书，并向这位文化巨人、戏剧泰斗表示崇高的敬意。恩格斯说过：“有一千个读者，就有一千个哈姆莱特。”但这一千个哈姆雷特身后，只有一个莎士比亚，整个人类只有一个莎士比亚。

巴尔扎克：卖文名震凯旋门

一袭长袍裹臃肿，状如雄狮傲苍穹。
欲效老拿腾剑气，不甘小富做书生。
发财梦碎塞纳河，卖文名震凯旋门。
人间喜剧大幕谢，天落泪雨吊枭雄。

罗丹雕塑的巴尔扎克塑像曾引起很大争议，罗丹没有把巴尔扎克塑造成一个头戴大礼帽、手拿文明棍、身穿燕尾服、一本正经地正在写作或正在低头沉思的大文豪尊贵的模样，而是塑造成一个丑陋旷达的大俗人：像雄狮似的披着散乱的头发，一脸多出来的肉，胡子拉碴，臃肿的身子裹着满是褶皱的凌乱长袍。据说这尊雕像刻画出了巴尔扎克的“神”。有传记作家这样描写巴尔扎克的“形”：“一副面包师的相貌，鞋匠的身段，箍桶匠的块头，针织品商人的举止，酒店老板的打扮。”估摸罗丹的塑像和巴尔扎克的外形也相去不远。

巴尔扎克是一个伟大的作家，他给自己提出了从来也没有人提出过的巨大的历史任务，要写一部“包罗万象的法国社会史”，这种气概前无古人，后无来者。他豪迈地说过：“拿破仑用剑没有完成的事业，我将用笔来完成。”后人送他一个雅号：

“文学上的拿破仑。”但他还有一个不雅的称号，即“文坛妓女”，只要老板给钱，他什么都写。从恐怖、凶杀、浪漫、忧郁的小说，到类似《结婚生理学》《礼貌大全》之类的书，他都能飞快地写出来，如同一部写书机器，快到难以想象，无论书商给出什么选题，他都能按时交稿。

巴尔扎克是一个疯狂的作家。他喜欢钱，曾宣言要赚完资本主义最后一个铜币。人在贫穷的时候对金钱的意识往往是最现实的。一文不名的文人没法不做发财的梦。他估计当作家总归是替他人做嫁衣，来钱不痛快。他是看见鸡蛋就想着雄鸡报晓的人，想象力迅速从大捆大捆的书直奔大捆大捆的钞票，他比所有的人都发热发得快，高烧烧得狠，就像碰到了火星的火药，想到钱就哧哧冒烟。结果，他被一个书商一忽悠就想自己做出版商，出版那些胡编乱造的书，结果一下子赔了一万五千多法郎，但巴尔扎克并没有气馁，反倒被激起更强烈的赚钱欲望。他接着开了一家印刷厂，很快就把自己的债务放大到十万法郎。

自此，巴尔扎克开始了更加疯狂的写作。这时他30岁，一直到49岁，近20年的时间里，他一共写了96部小说，合称为《人间喜剧》，每年平均写四五部小说，每天平均工作16个小时，他常常靠拼命喝黑咖啡来刺激写作神经。有人统计过，巴尔扎克为写作大概喝了一万几千杯咖啡。他一生创了两项世界纪录：小说的数量（与质量匹配的数量）和逸群绝伦的写作能力。这两项世界纪录至今无人能破。

在巴尔扎克的葬礼上，雨果这样评价巴尔扎克："他的一生是短促的，但是十分充实，作品比岁月还多。"

巴尔扎克51岁结婚，婚后五个月就死于心脏病。五天后下葬，天降倾盆大雨。他去世后留下的一屁股债，不得不由新娶的俄国太太来还。

莫泊桑：羊脂一篇知低高

顽璞还须严师雕，老福慧眼识玉苗。
梅塘六剑比利钝，羊脂一篇知低高。
牡蛎贩瘦老皴手，项链赔粗小蛮腰。
长恨天公不假年，才情化作纸钱烧。

有段子嘲讽老师：状元状元，那是你"撞"上的，你还真以为是自己教出来的吗？像莫泊桑这样的文学潜力股，就让大文豪福楼拜老师给撞上了。据说就像现在找家教似的，每逢星期日，莫泊桑就带着自己的文稿来找福楼拜求教，福楼拜教给莫泊桑一个达到文学巅峰的三重定理："观察，观察，再观察。"得到高人指点的莫泊桑，经过七年历练，终于凭借小说《羊脂球》一举成名。其实，莫泊桑要是一块石头，福楼拜就算是只孵化功能超一流的母鸡，也不可能把石头孵成小鸡，是莫泊桑首先具有成为大作家的先天条件。

莫泊桑出生在一个没落的贵族家庭，母亲出身于书香门第，颇具文学细胞，可惜他的父亲是个眠花宿柳的花花公子，所以母亲就把所有精力投入到对儿子的培养上。从小时候起，莫泊桑的母亲便经常带着儿子拜访自己的朋友、法国著名小说家福楼拜和著名诗人路易·布耶。经福楼拜介绍，莫泊桑又认识了当时著名的小说家左拉和旅居法国的俄罗斯作家屠格涅夫，在众多高人的指点下，莫泊桑开始在文学界崭露头角。拜了名师就有这样显而易见的好处：名师能够使弟子接触到众多名人，名师的弟子容易出名，中外同理。

结识了左拉后，几个小有名气的作家就常在左拉家一个叫“梅塘”的地方聚会，某夜六位作家各讲了一个故事，结成小说集《梅塘之夜》，其中以莫泊桑的《羊脂球》最为出色，这篇小说使莫泊桑一夜之间蜚声巴黎文坛。不但他的老师福楼拜对这篇小说给予高度赞扬，大名人左拉也赞扬他的小说“无限地丰富多彩，令人叹为观止”，屠格涅夫也说他是十九世纪末法国文坛上“最卓越的天才”，甚至连托尔斯泰都对他赞美有加。

莫泊桑在法国文坛成为知名作家，他遗传了父亲健壮的体魄和堂堂的外貌，也遗传了父亲风流的性情。在灯红酒绿、美女如云的巴黎，莫泊桑成了一个才华横溢的浪子。极大的写作强度与放荡的生活，加剧了莫泊桑曾患有的偏头痛。他曾经说过：“自杀是一扇敞开的大门，人们太疲倦的那一天，就可以从这扇门逃走。”他企图从那扇门里逃走，却被仆人拉了回来。但他间歇性的疯癫最终使他进了疯人院。1893年7月6日，年仅43岁的莫泊桑走了，留给世人的是三百余篇中短篇小说和六部长篇小说，还有情感世界里杂乱的脚印和支离破碎的传说。

雨果：浪漫文风慈悲怀

上帝咬豁红苹果，岁月峥嵘路坎坷。
悲惨世界穷富悬，圣母宫院爱恨多。
切齿称帝亡天涯，痛心焚园斥恶魔。
浪漫文风慈悲怀，长使后人浴爱河。

维克多·雨果的创作历程超过60年，一生写了大量诗歌，合为26卷；写了9部长篇小说及众多短篇小说，合为20卷；还写了12卷剧本；21卷哲学论著……作品全部合计下来，近80卷。雨果还是画家，他的画主要是水墨画，留下4000多幅绘画作品。有人说："每个人都是上帝的青苹果，在来到这个世界之前，上帝都要咬上一口。"上帝真有些偏心眼，雨果属于上帝钟爱的红苹果，从小到老一直红着。

雨果15岁创作了《凡尔赛的童贞女》，获得了当时图卢兹学院诗歌比赛金鸡冠花奖，同年《亨利四世铜像光复颂》获得了金百合花奖。17岁创作的诗歌《摩西在尼罗河上》再获金鸡冠花奖。18岁的雨果成为图卢兹学院的青年院士，名震巴黎。中国的老师激励学生，喜欢用“大器晚成”这个词，实际没多少道理，一个人年轻时一点才华也没显示出来，年龄大了突然妙笔生花，忽悠吧；有道理的是“江郎才尽”。雨果是一位飞翔的天才，当大多数人还在地上行走的时候，他已经像大鹏一样展翅在九万里高空了，“怒而飞，其翼若垂天之云”，巨大的身影几乎挡住了一个时代所有的视线。

路易·拿破仑·波拿巴发动政变，建立了法兰西第二帝国，称帝统治，雨果与路易·拿破仑·波拿巴决裂，开始了长达十九年的逃亡生涯。1860年，英法联军火烧圆明园，他第一个站出来，在给巴特勒上尉的信里仗义执言，谴责英法联军毁灭东方文化的罪恶行径。雨果的爱情故事也特别动人：他于30岁时邂逅26岁的女演员朱丽叶·德鲁埃，并坠入爱河，以后不管他们在一起或分开，朱丽叶·德鲁埃几乎每天都要给他写一封情书，直到她75岁去世，近五十年从未间断，写了近两万封信，此情绵绵无绝期啊！

我在初中和高中阶段痴迷雨果，曾买了他的“命运三部曲”:《巴黎圣母院》《悲惨世界》《海上劳工》。“三部曲”分别被称为教理的命运、法律的命运、自然的命运。阅读他的小说，感觉雨果像个经验丰富的厨师，他总是慢条斯理地先准备好锅碗瓢盆，然后油盐酱醋、葱姜蒜糖、鸡鸭鱼肉，一样样摆到了合适的位置之后，大菜才会下锅，且越炒香味越浓烈。他在《悲惨世界》的序言中指出：只要本世纪的三大问题——男人因穷困而道德败坏，女人因饥饿而生活堕落，儿童因黑暗而身体羸弱——还不能全部解决，只要在这个世界上还有愚昧和穷困，那么这一类书籍就不是虚设无用的。虽然现在真正读雨果的人少了，但雨果已经成为一种文化遗产，是学校里的语文课使一代又一代的学生没有忘记雨果。雨果不仅是法国的，他是属于全世界的，他的不朽作品，是全人类共同的精神财富。

托尔斯泰：史诗赫赫沧海横

擎天一托力万钧，独步文坛气度雍。
巨著煌煌风云卷，史诗赫赫沧海横。
复活灵魂皈上帝，多悯草根弃豪门。
三尺素土掩骸骨，天下何人可伯仲？

俄国有三个叫托尔斯泰的著名作家：阿·康·托尔斯泰、阿·尼·托尔斯泰、列夫·托尔斯泰。当然，最著名的还数列夫·托尔斯泰，他是世界文学大师中的大师，天才中的天才，和莎士比亚一同被海明威称为文学史上的“两大冠军”。托尔斯泰的创作时间最长，28岁始，82岁终，作品多得不可胜数，有90卷文集，前后用了三十年才出齐。他最伟大的作品是“三大巨著”——《战争与和平》《安娜·卡列尼娜》《复活》。这个世界很少有作家一生有三部伟大的小说传世，托尔斯泰是一个，后来的马尔克斯也算一个，写出了《百年孤独》《霍乱时期的爱情》和《族长的没落》。《战争与和平》被称为“世界上最伟大的小说”，长达130多万字，出现了众多人物。有人说，伟大的作品就像大动物，它们通常都有平静的外貌。这种说法用于托尔斯泰比较合适，他的鸿篇巨著就像一头大象，显得安静、沉稳、有力。但这么影响巨大的作家却没能获得诺贝尔文学奖，人们纷纷为之抱不平，但托尔斯泰却很淡然。

列夫·托尔斯泰出身名门贵族。托翁母亲的曾祖母与普希金的祖母是亲姐妹。但如果你见到托尔斯泰，看着他那蓬头垢面、浓眉密须的样子，再加上那身标准的农夫着装，肯定会认为他是进城打工的农民工。据说有次托翁路过码头，被一位贵妇人当成搬运工，他替贵妇人搬运完箱子还得到了五戈比的奖赏。这时码头上有人认出了托尔斯泰，那位贵妇人羞惭得无地自容，想讨回那让她含羞的五戈比，却被托尔斯泰拒绝了：“这是我的劳动所得，我很看重，不在乎有多少。”有人曾调侃托尔斯泰：你除去会写小说还能干什么？他为回应朋友的调侃，亲手制作了一双漂亮而结实的牛皮靴，郑重地送给了大女婿苏霍京。苏霍京便将皮靴摆上了书架。当时《托尔斯泰文集》已经出版了十二卷，苏霍京给这双皮靴贴上标签——“第十三卷”。此举在文化圈里立刻被传为佳话，托翁知道后哈哈大笑，并说：“那是我自己最喜欢的一卷。”

晚年，这位文坛巨擘离家出走，病逝于一个偏僻的小火车站。托尔斯泰曾说："没有金钱是悲哀的，但金钱过剩则会加倍悲哀。"幸福的家庭是相似的，不幸的家庭各有各的不幸。家人无论如何也难以理解，他为何要放弃财产。这位被称作"俄罗斯十九世纪的良心"的老人，临终前最完整的一句话是："世界上有这么多受苦的人，为什么你们只看到我一人？"托尔斯泰的墓地是一个看起来不起眼的小土冢。这也正应了列夫·托尔斯泰的话："最伟大的真理，往往是最朴实无华的。"奥地利作家茨威格称赞托尔斯泰的墓地为"人世间最美的墓地"。一切真正的伟岸，都拒绝喧嚣；一切无言的崇高，必归于平寂。

契诃夫：真知破谎黎庶喜

鹅笔锋如手术刀，病室游刃切脓包。
洞破变色刺恶吏，剥却套子笑丑妖。
真知破谎黎庶喜，灼见诛劣暴君嗥。
又见秋风吹乱叶，樱桃园里渐萧条。

北大中文系教授、作家曹文轩曾在一篇关于契诃夫的长文中写了一个俏皮的结尾：这天，契诃夫死了，来到天堂，当时上帝正在小憩，听到了脚步声，问道："你来啦？"契诃夫答道："我来了。"上帝问："你来了短篇小说怎么办？"而与英国的伍尔芙齐名的新西兰“才女作家”曼斯菲尔德也曾表示：“愿拿莫泊桑的全部作品来换契诃夫的一个短篇。”不过我并不赞成曼斯菲尔德的说法，你要抬高契诃夫无可非议，萝卜青菜，各有所爱，干吗非要踩扁莫泊桑呢！何况，莫泊桑、契诃夫、欧·亨利共享世界“短篇小说之王”的美誉，三位作家本来就不分伯仲，各有千秋。

契诃夫能在短篇小说的殿堂里称王，奥秘何在呢？他是这样传授独家秘籍的：“写作的技巧，其实并不是写作的技巧，而是删掉写得不大好的地方的技巧。”“要知道在大理石上刻出人脸来，无非是把这块石头上不是脸的地方剔掉罢了。”契诃夫在写作实践中认真地贯彻了这个主张。他写作的座右铭是“简洁是才华的姐妹”。契诃夫一生写了七百多篇短篇小说，这得益于他坚持不懈地收集创作材料。他留给后人一本《契诃夫手记》，这本书的特色就是短得精粹，短得丰富。一个小小的素描或者一句警言，就是一篇小说的素材。如“不和男人交际的女人渐渐变得憔悴；不和女人交际的男人渐渐变得迟钝”“她脸上的皮肤不够用，睁眼的时候必须把嘴闭上，张嘴的时候必须把眼睛闭上”……从这里我们看到的是一个形象更为丰满的契诃夫。他是有趣的作家，语言幽默、犀利、准确，批判时一针见血。

契诃夫毕业于莫斯科大学医学专业，还是个很有声誉的医生，并有一个挂着“契诃夫医师”招牌的诊所，他一生都热爱医生这个职业。他说：“医学是我的妻子，文学是我的情人。”作为医生和作家，契诃夫除了手术刀，还有一把思想的解剖刀，时时用来解剖人生与社会。因为契诃夫是医生，医生眼里只有病人，所以契诃夫面对社会时，很容易看到社会的病状，从这一点上看，他和学过医的鲁迅先生有些类似，文学创作的目的就是解剖病态的社会、揭出社会的病根，以引起疗救者的注意，我们也可以说契诃夫是俄国的鲁迅先生。

泰戈尔：又疑天界谪仙人

又疑天界谪仙人，禅风道骨美髯翁。
棕榈娑罗金色花，蟋蟀蜜蜂萤火虫。
窗含新月悟佛意，风斜飞鸟听梵声。
莫道歌手龙钟颜，稚趣还似老顽童。

杜甫被后人尊为“诗圣”，印度的泰戈尔也被后人尊为“诗圣”。他一共写了五十多部诗集，但他的成就不仅仅限于诗歌，在小说、哲学、绘画、音乐等方面，泰戈尔也都有卓越的贡献。他一生共创作了两千余首激动人心、优美动听的歌曲，其中《人民的意志》这首歌，在1950年被定为印度国歌。泰戈尔于70岁高龄之际居然又学习绘画，绘制的一千五百帧画作曾作为艺术珍品在世界许多地方展出。泰戈尔是印度的一位老智者、老歌手，中国画家给他画的肖像画是“身穿红袍，须发皆白”，端的是“浩浩乎如冯虚御风，而不知其所止；飘飘乎如遗世独立，羽化而登仙”。他的著名诗集《吉檀迦利》《新月集》《飞鸟集》等也是一派仙风道骨的味道。泰戈尔是亚洲第一位获得诺贝尔文学奖的作家，他是东方的智者。

泰戈尔出身于孟加拉的一个富有的贵族家庭，但人们一致认为他是印度人。因为泰翁在世时孟加拉还是印度的一个省。泰戈尔的父亲是哲学家和宗教改革家，有十五个子女，子女们既继承了父亲所热爱的印度文化传统，又深受西方文化的影响。许多著名诗人、演员、音乐家和学者常常是他家的座上客，端的是“谈笑有鸿儒，往来无白丁”。泰戈尔的大哥是诗人、哲学家，五哥是音乐家、剧作家，姐姐斯瓦纳库玛丽是第一位用孟加拉文写小说的女作家……泰戈尔是父母最小的儿子，在这样的家庭熏陶下，他是天生富贵也天生多情。泰戈尔8岁写诗，12岁写剧本，15岁发表第一首长诗《野花》，17岁发表叙事诗《诗人的故事》。有人说，泰戈尔的神奇联想就像印度的瑜伽功法一样，令全世界的读者都感到神奇，但如果了解了泰戈尔的家庭背景，就会觉得他想不神奇也不可能。诺贝尔文学奖颁给他的颁奖词这样写着：由于他那至为敏锐、清新与优美的诗篇，这些诗不但具有高超的技巧，并且由他自己用英文表达出来，便使他那充满诗意的思想成为西方文学的一部分。

1924年，泰戈尔应孙中山先生之邀访华，徐志摩和林徽因做其翻译。泰戈尔在北京天坛草坪上登台演说时由林徽因搀扶着，“林小姐人艳如花，和老诗人挟臂而行，加上长袍白面、郊寒岛瘦的徐志摩，犹如苍松竹梅的一幅三友图”——报纸上刊登了这三个人的合影照片，一时被传为美谈。当时，才华横溢的徐志摩爱上了风华绝代的林徽因，泰戈尔还欲成二人之“月老”。我觉得泰戈尔的句子至今读来很美丽也很有意思。如“蜜蜂从花中啜蜜，离开时营营地道谢。浮夸的蝴蝶却相信花是应该向她道谢的”。

卡夫卡：揭谬常怀惊惧心

噩梦醒来正凌晨，卧榻惊现大甲虫。
城堡呓语幻俗世，囚徒困境迷灵魂。
审丑独具智慧眼，揭谬常怀惊惧心。
生如穴鸟藏地窖，死似彗星扫天空。

有一种现象很有趣：在某种专业领域，最有成就的人往往不是该专业的人士。卡夫卡大学学的是法律，毕业后一直在一家保险公司做一名小职员，他的作品都是在业余时间完成的。他写作不以发表为目的，纯粹是解决自己心灵苦闷的手段，因为他有一个暴君式的父亲，敏感、怯懦、体弱的卡夫卡从小就生活在父亲巨大的阴影下。巴尔扎克说过：“我要粉碎每一个障碍！”而卡夫卡说：“每一个障碍都能粉碎我。”他在一则日记中写道：“我的名字叫卡夫卡，这是希伯来语，它的意思是穴鸟。”有人将卡夫卡形象地概括为“地窖中的鸟”。他设想自己最理想的生活方式是“带着纸笔和一盏灯，待在一个宽敞的、闭门杜户的地窖最里面的一间里，饭由人送来，放在离这间最远的、地窖的第一道门后”。

卡夫卡绝对是个英俊小伙，他给后人留下的是那副标准的棱角分明的“卡夫卡式”面容和惊恐得难以理解的“卡夫卡式”眼神。他一生三次订婚，又三次主动解除婚约，始终没有建立家庭。有研究者认为卡夫卡具有婚姻恐惧症，是一个典型的婚姻逃跑者。但这对卡夫卡的文学来讲反而具有积极意义，他每一次退婚后都能写出一部伟大的作品。1912年退婚，他随后写出了《变形记》《美国》；1917年退婚，他随后写出了《审判》；1919年退婚，他随后写出了《城堡》。也许是爱情的幻灭感、人生的孤独感，成就了他的文学事业。但卡夫卡在晚年期间遇到了一段美好的爱情。41岁时，有个19岁的小姑娘狂热地爱上了他，这是他一生中最幸福的时光，但就在这一年，他死于肺结核。卡夫卡临终前要求好朋友布洛德将他的作品“毫无例外地予以焚毁”，但布洛德违背了卡夫卡的意愿，整理出版了《卡夫卡全集》九卷，其中八卷是第一次刊出，引发了西方世界的“卡夫卡热”，他被誉为“二十世纪西方文学的彗星”。卡夫卡在世界文学史上地位崇高，被公认为是现代派文学的“鼻祖”，开创了人类看待世界的新方式。但现代主义的作品是拒绝大众的，据说爱因斯坦很好奇卡夫卡为何有如此巨大的影响力，就向朋友借了一本《审判》埋头阅读，最终难以卒读，抱怨说卡夫卡的大脑实在是太复杂了。

作家的神经最纤细。卡夫卡经常失眠，常把自己真实而荒诞的梦记述下来。这就不难理解卡夫卡的作品为何会对世界有一种直觉式的寓言，并在虚幻的情景中预示了人类生存的可能性。他被米兰·昆德拉视为人类的先知预言家。北京工业大学出版社在2004年出版了《一生必读的60本书》，将《变形记》列为必读书，并将我解读《变形记》的文章《陌生的卡夫卡》附之于后。如果把卡夫卡的《变形记》比成一座雄伟瑰奇的高山，我的《陌生的卡夫卡》充其量是想修一条小路，以便引导游客领略高山的风光。

伍尔夫：天使魔鬼凭谁猜

一从云外落尘埃，人间惊艳女怪才。
意识水流涟漪去，斑点墙幻联翩来。
冰肌寒斋黄卷帙，玉骨琼楼紫裙钗。
惊鸿照影乌斯河，天使魔鬼凭谁猜。

《沙家浜》里有个叫刁德一的坏人，他对阿庆嫂有一句著名的点评：“这个女人不寻常。”用这句话来形容弗吉尼亚·伍尔夫这样的女人再恰当不过了。我觉得她是文学界的“居里夫人”，居然把小说搞出那么多稀奇古怪的实验品，比墙上的斑点更变幻莫测。作为意识流小说的开山祖师奶奶，并能跻身世界顶尖文学大师的行列，“这个女人不寻常”——但如果我们知道她的身世背景，也就不会感觉奇怪了。

伍尔夫出身于一个“知识贵族”之家，伍尔夫家祖上几代人都是有知识的大官，她父亲就是著名的文学批评家、传记作家、出版家、主编、剑桥大学的研究员……用中国一句老话形容：书到今生读已迟。伍尔夫家好几代人已经为伍尔夫积淀了深厚的文学基因，她生活在这样的文化氛围中，得以在智慧的熏陶中成长。她每天在父亲的书房里进进出出，用收割机一样的速度阅读着文学作品，连父亲都不禁惊叹她好像是在“吞噬书籍”，所以，她从来没有上过正式学校，却知识丰富，见识超群。

伍尔夫不但写小说、散文，更重要的是她还写有关小说的理论《论小说与小说家》。她是出了名的大才女，也是出了名的大美女，气质高雅。但她自幼身体羸弱，有精神病史，经常失眠，且悲观厌世。13岁母亲去世，她的精神病发作；22岁父亲去世，她的精神病再次发作；24岁哥哥去世，她的精神病又发作……这使得她的一生就如钟摆在优雅和疯狂之间来回摆动。莎士比亚说过：“疯子、情人和诗人脑袋中都是结结实实的想象。”伍尔夫既是疯子又是诗人，这就不难想象她会创造出一种叫“意识流”的小说来。伍尔夫曾借助假想中莎士比亚妹妹的遭遇，指出十六世纪一个具有非凡天赋和独立思想与意志的女人的必然命运：发疯、自杀。这是她自己的境况和结局。

她每完成一部大作，就面临一次崩溃甚至自杀，而她一共写了九部小说，连同五部文学批评书籍和两部传记。她间歇性的病态爆发与文学创作竟然有着某种对应关系。似乎她在写作时，忧郁就会减弱；完成了，就又面临新的危机。伍尔夫曾数次想到自杀，直到59岁的一天——她走到离家不远的一条河边，在口袋里装满了鹅卵石，一步步走向冰冷的河中。这个自杀情节类似屈原怀石自沉于汨罗江，从此这条河也出了名，叫乌斯河。后来有部叫《时时刻刻》的电影讲述的就是伍尔夫的故事，影片把她的自杀锁定在一个金色的黄昏，意在营造一种伤感的氛围。事实上，那天是正午，阳光灿烂，惠风和畅，但伍尔夫无法摆脱内心的阴影，在乌斯河结束了生命。

海明威：小说遍竖硬汉骨

五尺猎枪千卷书，冷面霜鬓络腮胡。
战地喋血鸣丧钟，春梦染泪迷征途。
大笔尽扫书生气，小说遍竖硬汉骨。
一轻诺奖饮弹去，堪称人间大丈夫。

海明威是个肌肉发达的大块头男人，一部茂密的络腮胡子像无数根横七竖八的银针在脸上插了一圈，活像一只非洲雄狮；微陷的眼窝中两只炯炯有神的大眼透着刚毅而迷惘的寒光，就像两把锋利的匕首。膀大腰圆，胸毛浓密，谁要一不留神撞上去估计就像撞在一堵硬邦邦的墙上。事实上，海明威就是一个个性极强的人。他最喜欢的课程是体育，足球、游泳、射击、橄榄球样样在行；他还特喜欢刺激冒险的运动，打猎、捕鱼、看斗牛。问题是这么一个斗牛士却特别喜欢读书，读过的书汗牛充栋。海明威曾说写作就像猎狮，《老人与海》是自己打倒的一生中最大最美的狮子。

我最佩服海明威的一点不是他读书读得多，我觉得海明威够条汉子，他敢于向上帝宣战，在名誉、地位、金钱、朋友、女人，甚至诺贝尔文学奖都有了的时候，主动选择结束自己生命的时间和方式。时间：1961年7月2日，这年他62岁；方式：将双筒猎枪含在嘴里扣动扳机。海明威在《太阳照样升起》中写道："探索优雅的退场方式很重要。"本来他要用更令世人瞩目的优雅方式离开这个世界，有一次海明威试图在飞机上不带降落伞跳出舱门，要不是被其他乘客制服了，这将成为他三万英尺高空上的华丽退场。海明威活着的时候就给自己写好了墓志铭："恕我起不来了！"他一生奉行的至理名言就是人可以被毁灭，但绝不能被打败。也许，他担心自己被打败，因而毁灭了自己。当他不再认为自己是条汉子时，他想到了死亡。

海明威的父亲也是开枪自杀的，但用的是手枪。这个家庭似乎很喜欢象征血腥和暴力的枪。当别的小孩都在拿蜡笔涂鸦的时候，海明威就已经在摆弄步枪了。当少年海明威肆无忌惮地杀死一只豪猪的时候，他那位向他灌输“你杀了他，你就得吃了它”的哲学思想的父亲，硬是逼他把那头猛兽吞了下去。也有人说海明威当时不屑地把豪猪连皮带毛吃掉，抹抹嘴巴说“好痒”，这让人想起鸿门宴上大啃生猪腿的樊哙。海明威先后参加过两次世界大战和西班牙内战，在战争中两次负伤，其中一次负伤，动了12次手术，从体内取出237块弹片，仍没有取干净。他为了打猎也负过三次伤，最重的一次是飞机失事，脊椎、脑部、肝脏、肾脏等多处受伤。

海明威因《老人与海》这篇小说而获得了诺贝尔文学奖。战争和大海都是一个男人展示自己作为雄性动物的最好舞台、最好背景——就好像放焰火最好的背景是夜晚，大白天放没多大意思。现在站在五光十色的商业招牌林立的大街望去，满大街的男人下巴刮得光溜溜的像脚后跟似的，不见一点青色，现代城市很难生长出海明威那样充满阳刚之气的汉子了。

马尔克斯：孤独百年思驰远

一马绝尘万骑腾，南美豪客已弑神。

孤独百年思驰远，寂寞廿载笔走龙。

爱情瘟疫齐飞翔，魔幻现实共惊魂。
西风过处浮云散，独留天骥行长空。

说到马尔克斯，我就想起台湾校园民谣《外婆的澎湖湾》：“那是外婆拄着杖将我手轻轻挽，踏着薄暮走向余晖暖暖的澎湖湾……”据说，作家的写作和童年的经历关系极大，至少马尔克斯是这样的。马尔克斯从小在外祖父家长大，特别是他有一个会讲故事的老外婆，外婆一肚子鬼怪精灵的故事，而且她总能用这样的“鬼怪阴魂”让调皮的外孙乖乖就范。就是这些鬼怪故事与说法，后来成了马尔克斯“魔幻现实主义”创作的沃土。多年后，马尔克斯称外祖父的大宅院为“童年的大妖怪”，这是他一生和一大部分作品中无法驱赶的魔鬼。

马尔克斯走向创作顶峰，有两本书是功不可没的。马尔克斯上小学二年级时，某日突然在外祖父的箱子里发现了一本颜色泛黄的《一千零一夜》，作家回忆道：“我拿起书，读到一个人开了瓶盖，冒出一股烟，烟又变成妖怪的时候，我叫道：‘真神了!’这书对我的吸引胜过了以前我生活中的一切：玩耍、绘画、吃饭和一切，我再也没有抬起头。”当17岁的马尔克斯成为哥伦比亚国立大学法学系的学生时，在八月的一个下午，他向同学借到小说《变形记》，读了一个通宵，再次觉得心摇神荡——这本小说超现实的怪诞和现实性的描绘相结合的写法启发了他，他惊叹：天啊！小说原来可以这样写。第二天他就写出了第一篇小说《第二次忍耐》，用怪诞的手法描述了一个死去孩子的种种奇异感觉。马尔克斯从《一千零一夜》开启的大门进去，最终走到《百年孤独》的顶峰。

当29岁的莫言在书店里第一次读到《百年孤独》时，感到了巨大震撼：天啊，小说原来可以这样写。紧接着感觉到遗憾，我为什么早不知道小说可以这样写呢？这样的小说开头，居然已经被人写过了。马尔克斯用十五年时间来构思《百年孤独》，动笔后又折腾了三年，而那个上世纪著名的小说开头，“多年以后，奥雷良诺·布恩蒂亚上校面对行刑队，准会想起父亲带他去见识冰块的那个遥远的下午……”他整整折腾了三个月。无怪乎他有这样的感慨：“写作是一种自杀的职业。”《百年孤独》一经面世，好评如潮，被誉为“美洲《圣经》”。评论者对之进行了玄之又玄的解读，几十年来乐此不疲，但在马尔克斯看来，他只不过是借用了“外祖母的口吻”——她老人家讲故事就是这种方式。

马尔克斯在1982年获得诺贝尔文学奖，人们称他为“大师中的大师”“现代小说的救世主”，或“通往魔幻世界的守门员”“拉丁美洲的弑神者”。西方文坛有一个调侃诺贝尔文学奖的笑话，说这个奖是“死吻”：得主的成就虽得肯定，但必然从此江郎才尽，空戴桂冠，但马尔克斯是打破“诺咒”的作家。他获得诺奖之后，又写出了《霍乱时期的爱情》和《族长的没落》这样伟大的作品，在全世界也属罕见。

博尔赫斯：诺奖憾漏大作家

瞽叟欲登通天塔，旋梯盘陀寻密码。
废墟环形何其怪，花园曲径几多岔。
迷宫幽邃装神鬼，沙书玄奥弄虚假。
一生钟情小文章，诺奖憾漏大作家。

我第一次见到了“博尔赫斯”这四个字组合在一起，是在我订的一份1994年的《文汇读书周报》上。我看到广州有个“博尔赫斯书店”，心里琢磨“博尔赫斯”是什么意思，后来才知道博尔赫斯是一位赫赫有名的世界级作家。他被称为世界三大漏评的诺贝尔文学奖作家（其余两个人分别为俄国的托尔斯泰、挪威的易卜生）。有人说他的散文读起来像小说，他的小说是诗，他的诗歌又往往使人觉得像散文，沟通三者的桥梁是他的思想。这更激发了我的阅读兴趣。1996年，我在太原尔雅书店买了一套《博尔赫斯文集》，书的封面是黑色的。读他的作品令人心中出现幽邃晦暗的黑色，莫测高深，很费时间，很累。很多时候，我并不知道这个瞎眼的老头在说什么。

书的黑色封面上印着博尔赫斯的照片，你会发现他的相貌不敢恭维，但很有气质。许多其貌不扬的人，在书的滋养下，都一天天光彩鲜亮起来了。博尔赫斯可谓“生为书生，死为书鬼”，他的一生都生活在图书馆里，是典型的书虫。他出身豪门，小时候就沉浸在父亲巨大的藏书室中，饱尝阅读的乐趣。他很小便显露出强烈的创作愿望和文学才华，7岁时，用英文缩写了一篇希腊神话。8岁时他写了一篇叫《致命的护眼罩》的故事；9岁时，他将英国著名作家王尔德的《快乐王子》译成西班牙文，署名豪尔赫·路易斯·博尔赫斯，发表在布宜诺斯艾利斯的《国家报》上，译笔成熟，人们竟然认为这是出自他父亲的手笔。

但他的人生很有戏剧性，直到年近不惑，还没多少影响，勉强在市立图书馆谋得了一个助理馆员的差事……62岁时他获得了“福托门奖”，像摸彩中了大奖，各方面的荣誉接踵而至，被尊为现代文学大师，一直做到阿根廷国家图书馆的馆长。博尔赫斯说命运给他开的最大的一次玩笑，就是在他双眼全瞎时得到了一座拥有八十万册藏书的国立图书馆。“上帝同时给了我书籍和黑夜，这可真是一个绝妙的讽刺”，博尔赫斯的家族有遗传性眼病，他从小就预感到了这一点，深刻理解宿命的含义，最终他成为这个家族的第六代失明者。他活到87岁，失明“像黄昏一样慢慢降临”，他将后半生都交给了黑暗。

博尔赫斯说：“我经历得很少，但我懂得很多。”这全仰仗他的读书。他说自己是世界上读书最多的人。他不是一个靠经历来支撑写作的作家，而是一个靠知识来进行虚构的作家，世界上没有哪一个作家和他有可比性。他失明以后仍然以口授的方式写作，成了二十世纪伟大的短篇小说大师，被称为“只写小文章的大作家”。1999年，在博尔赫斯百年诞辰时，阿根廷政府特制了百万余枚铸有他头像的纪念金币及流通硬币。如果没有博尔赫斯——套用博尔赫斯常说的一句话——“这个世界将会贫乏得多”。

卡尔维诺：书穷五车笔惊风

巴黎隐士无喧尘，书穷五车笔惊风。
思如墙隅蛛网繁，文若天际游丝轻。
塔罗纸牌变千幻，马可城市化万形。
何论曲高和者寡，长投目光向虚空。

1988年，英国韦伯列德文学奖得主罗什第说：“当意大利爆炸，当英国焚烧，当世界末日来临，我想不出有比卡尔维诺更好的作家在身边。”文学评论家李敬泽说：“卡尔维诺是我们所见过的最复杂最精密的作家。我觉得卡尔维诺在本质上是狭窄的，但是他的厉害之处在于，他之狭窄是从一个针孔里走进去，然后他打开一个一个的世界，我觉得这是他非常厉害的本事。”这么厉害的作家估摸脑袋结构和芸芸众生不一样。当年爱因斯坦的大脑被人研究过，结构很复杂。卡尔维诺的大脑，也被人研究了一把，同样复杂。他曾在一次脑内出血后进行了长达好几个小时的手术，那位脑神经外科医师告诉新闻界，他从未看过一个人的脑内构造像卡尔维诺那么纤细复杂。看来智慧和大脑的结构真真切切是有着密切联系的。

卡尔维诺的父亲是农学家，母亲是植物学家，两个人都在大学执教。他还有两个化学家舅舅，他们娶了两个化学家舅妈，也都是大学教授。他弟弟是地质学家，也是大学教授。父母希望他成为一个有文学素养的科学家，他最终成了具有科学素养的文学家。所以，卡尔维诺能把现代物理学、数学、化学、天文学、地理学等知识，极为巧妙地运用到文学创作中。他的叙事策略令人称奇，常常同时运用几种手段进行多重思考，文字、数字、符号、图画，甚至是塔罗牌，都可以为他所用，在他的文学作品中时时闪耀着科学和艺术的光辉。他是全世界作家中别出心裁的作家，特别喜欢在小说形式上创新，每一篇小说都标新立异。他的名篇《命运交叉的城堡》，讲述了一群失聪失聋的人，通过七十八张塔罗纸牌，在不同的组合中各自讲述自己的故事。在他看来，小说就是玩塔罗纸牌，这种游戏方法显示在他的每篇小说里。

卡尔维诺小说的特点即“轻”。他拒绝正面观察事物，因为正面的东西常常庞大、沉重，像《牲畜林》这种反法西斯战争的题材很容易写得沉重、悲壮，写得气吞山河、血贯长虹，但卡尔维诺却把它写得很“轻”，具有喜剧色彩，这有点儿像潘长江、郭达演的电影《举起手来》。《牲畜林》写得很好玩，讲述的是一个傻蛋和一个笨蛋的故事。

卡尔维诺写的书能够真正地娱乐大众，但他的作品不是娱乐书。阅读卡尔维诺的作品令人眩晕，是那种清醒的眩晕——他是以魔术师身份布道的教士，他也是文学宗教的上帝，因为他创造了地面上没有的东西。1985年9月19日，卡尔维诺因脑出血而逝世，享年62岁。惜乎早死了一个月，卡尔维诺错过了当年10月铁定颁给他的诺贝尔文学奖。